“重庆工商大学管理科学与工程重点学科建设”丛书

商业模式对高新技术服务企业创新绩效的影响研究

李红霞　张　剑　陈均明　◎著

中国财经出版传媒集团
经济科学出版社
Economic Science Press
·北京·

图书在版编目（CIP）数据

商业模式对高新技术服务企业创新绩效的影响研究/李红霞，张剑，陈均明著．--北京：经济科学出版社，2024.4

（“重庆工商大学管理科学与工程重点学科建设”丛书）

ISBN 978-7-5218-5837-2

Ⅰ.①商… Ⅱ.①李…②张…③陈… Ⅲ.①商业模式-影响-高技术企业-企业绩效-研究-中国 Ⅳ.①F276.44

中国国家版本馆 CIP 数据核字（2024）第 080730 号

责任编辑：李 雪 袁 溦
责任校对：孙 晨
责任印制：邱 天

商业模式对高新技术服务企业创新绩效的影响研究
李红霞 张 剑 陈均明 著
经济科学出版社出版、发行 新华书店经销
社址：北京市海淀区阜成路甲 28 号 邮编：100142
总编部电话：010-88191217 发行部电话：010-88191522
网址：www.esp.com.cn
电子邮箱：esp@esp.com.cn
天猫网店：经济科学出版社旗舰店
网址：http://jjkxcbs.tmall.com
固安华明印业有限公司印装
710×1000 16 开 17.25 印张 186000 字
2024 年 4 月第 1 版 2024 年 4 月第 1 次印刷
ISBN 978-7-5218-5837-2 定价：78.00 元
（图书出现印装问题，本社负责调换。电话：010-88191545）

丛书编委会

序　言

21 世纪的管理科学与工程学科在推动创新、优化管理、提高效率、降低风险、推动可持续发展等多方面起着重要的预测、决策、指导与干预作用。重庆工商大学管理科学与工程学科于 2011 年获评一级学科硕士学位授权点，是重庆市高等学校“十二五”“十三五”“十四五”重点学科，主要关注现代产业发展与创新的有关问题，聚焦数字经济与智能商务管理、现代物流与供应链管理、信息管理与大数据分析、战略与创新创业管理、投资与项目管理等特色方向。首批丛书包含我们最新的部分研究成果。

现代物流与供应链管理方向，本系列丛书探讨了不同领域的供应链协同与竞合机制。《乡村振兴战略下现代农业服务供应链协同机制研究》聚焦我国乡村振兴战略中的现代农业服务供应链，《基于竞合博弈的供应链入侵策略研究》从竞合博弈视角分析制造商和零售商的角色与关系。现代农业服务供应链和供应链竞合策略为企业在乡村振兴和供应链管理方面提供了重要指导。

战略方向的三本书探讨了我国天然气发展、双碳发展以及技术创新发展中的有关问题。《我国天然气进口风险防范机制设计与政策创新研究》全面系统地研究了天然气战略中的进口风险评价与防范机制，提出了创新性的评价指标体系和风险扩散动力学演化模型，为我国天然气进口风险防范提供了理论指导和实践参考。《碳达峰与碳中和目标下典型工业城市低碳发展研究》基于工业城市碳排放发展问题，以重庆为例，探索了实现可持续碳达峰、碳中和目标的低碳发展模式、路径与关键举措，总结提炼了科技支撑典型工业城市的低碳发展模式和政策建议。《商业模式对高新技术服务企业创新绩效的影响研究》以我国高新技术服务企业为对象，探讨了技术创新和技术体制对创新绩效的影响，为技术创新、技术体制、商业模式与创新绩效等理论提供了深入分析和实践支持。

本系列丛书是本学科的部分成果，后续将推出涵盖数字经济与智能商务管理、信息管理与大数据分析等研究方向最新研究成果。希望这些研究能为相关领域的学者、政策制定者和实务工作者提供有价值的理论参考和实践启示。

感谢学校同意本学科对本丛书的出版支持计划，感谢出版策划、作者、编者的共同努力，希望本学科的研究后续能够继续得到相关出版支持。小荷已露尖尖角，愿有蜻蜓立上头。希望本系列丛书能够得到学术界和实践界的关注和指导。

丛书策划编委会

2024 年 1 月

前言

PREFACE

创新是企业获得不断发展的内驱力，如何提高企业的创新绩效从而获取市场竞争优势，成为我国企业亟待解决的关键问题之一。虽然有关创新绩效的研究成果很多，但是现有研究主要以欧美地区或新兴工业发达地区的企业为研究对象，所得结论对于我国企业不是很适用。本书以我国高新技术服务企业为研究对象，研究商业模式对企业创新绩效的影响机制，从而为我国企业的创新实践活动提供理论参考。

本书采取了混合式的研究方法，首先通过理论梳理和定性研究构建理论研究框架，并提出了研究假设；其次通过定量研究对研究假设进行实证检验得出本书的结论。本书主要分为七部分。第一部分为引论，主要分析本书的研究背景和意义等，包括研究背景、研究问题、研究对象、研究意义和研究创新；第二部分为文献综述，主要是通过梳理已有相关文献为后面的研究提供理论依据，包括关键概念评述、理论基础和提出研究模型；第三部分为研究方法，主要是设计本书的样本选择和具体研究方法，包括总体、样本和抽样，数据收集方法，数据分析方法；第四至第六部分是针对本书的三个主要研究问题开展循序渐进的研究，包括商业模式对创新绩效的影响，技术创新在商业模式和创新绩效之间的中介效应，以及技术体制对创新绩效的调节效应；第七部分为研究结论与展望，主要阐述本书的结论，并对企业的创新实践活动提出建议，包括研究结论、理论贡献、对管理实践的建议、研究的局限和未来研究展望。本书可作为本科生学习商业模式、数据分析与实践等相关专业课程的参考书，也可作为研究生探讨技术体制、技术创新、商业模式与创新绩效等理论知识和实证研究方法的研究学习用书，还可以作为相关研究人员和企业实践者的参考书。

本书由李红霞、张剑和陈均明三位作者合作完成，并共同参与了所有章节的写作过程。框架思路和研究内容主要由李红霞完成，数据收集和数据分析由张剑和陈均明完成，统稿主要由李红霞和张剑完成。本书一方面参考了三位作者原有的一些研究成果，另一方面参考了大量国内外学者的相关研究成果，并在文中做了文献参考标注。本书研究工作还参考了重庆市高等教育教学改革研究项目（223229）的少量相关研究成果。本书的研究工作获得了重庆工商大学和三明学院的大力支持，以及其他人员的帮助，在此表示深深的感谢！

由于作者水平有限，本书难免有些不当之处，欢迎广大同行和读者批评指正。

作者

2024 年 4 月

目录

CONTENTS

第一章

引　论

第一节　研究背景

如何提高创新绩效一直是企业关注的焦点问题，而高效的创新活动可以给企业带来更强的市场竞争力。因此，该问题也是学术界研究的热点，但是已有的研究成果主要从工业技术创新的视角开展创新绩效的分析。现代高新技术服务企业借助信息技术创新和商业模式创新实现了创新绩效的快速提升。因此，本书将通过探索商业模式对高新技术服务企业创新绩效的影响，以及技术创新的中介效应、技术体制的调节效应，为我国高新技术服务企业的创新活动提供策略参考。

一、现实背景

全球不同地区的经济发展水平极度不平衡，如何促使经济持续高速发展成为一个长期被各界普遍关注的研究焦点。我国GDP，在实施改革开放40多年后，截止到2023年占全球GDP的17%，成为世界第二大经济体，实现了国家经济的快速增长①。还有一些发展中地区因为各种原因（资源缺乏、政治动乱、技术落后等）长期处于经济欠发达的状态。这些发展中地区的企业长期面临发展缓慢、创新绩效不高、市场竞争力不强的现状。

1. 发展中地区企业的困境

发展中地区企业面临的发展困境之一就是企业的创新绩效不高。如何高效开展技术创新成果的市场转化是很多企业面临的重要问题。很多时候技术人员专注于技术研发，缺乏对市场需求的敏感性，导致企业的技术创新成果常常不符合市场需求的发展趋势。有时候企业的技术创新成果很好，但是企业不能很好地实现市场转化。科技型企业容易出现营销近视症（Levitt T，2004），即只看得见技术看不见客户需求。技术型的企业领导容易对技术研发产生依赖症，错误地认为产品只要技术先进就一定会赢得市场，往往忽视商业模式设计的重要性，导致企业技术创新成果没有获得应有的市场价值。

随着全球信息技术的快速发展，企业的技术创新方式和商业模式设计都在发生重大改变。世界各国的企业都在努力探索通过商业模式与技术创新的有效匹配获取市场竞争优势的路径。很多企业的商业模式设计和技术创新方式不是很匹配，因此产生相互

① 数据来源：中国国家统计局的《中华人民共和国2023年国民经济和社会发展统计公报》。

的负向作用。两者之间的不匹配会导致企业技术创新成果的市场转化效果变差（周馨怡，2016）。因此，深入探索不同技术环境商业模式与技术创新之间的相互作用关系，以及商业模式对创新绩效的影响机制就非常重要。这些问题的研究成果有利于指导发展中地区的企业通过商业模式与技术创新的协同实现创新绩效的提升，从而最终实现更佳的经济效益。

2. 我国企业的快速崛起具有借鉴性

我国企业的创新发展之路对发展中地区企业具有借鉴意义。基于信息技术发展起来的新型现代企业成为推动社会经济发展的重要力量。这些企业对发展中地区的经济发展具有不可替代的作用（李艳，2011）。我国作为发展中地区的一员，经济起步比较晚，在改革开放初期面临着生产资源短缺、技术被封锁、环境污染压力大、市场区域隔离等困境，但是我国在随后短短的 40 多年内实现了社会经济的快速发展，成为世界第一大出口国（江诗松、龚丽敏，2019），我国的技术创新能力也获得了快速提升。我国企业被美国专利及商标局授权的专利年均增长速度远远超过同期其他国家水平。这些都离不开高技术含量、低环境污染和低能源消耗的技术创新。

我国企业克服困难不断开拓创新的努力，不仅在我国市场获得了显著的经济效益，而且在国际市场的很多领域也取得了领先地位。我国企业通过良好的商业模式设计高效地整合全球资源，从而推动技术创新的快速发展。良好的商业模式设计使我国企业能够跨产业链整合资源，抓住各种市场机会，从而获得超常规的快速发展，企业的快速发展成为经济增长的原动力。我国企业的快速成长引起了学术界对其商业模式设计的关注（吴晓波、姚明明、吴朝晖等，2014），以字节跳动、腾讯、阿里巴巴等为代表的信息技术类企业通过商业模式和技术创新的协同成为行业的领先企业（姚明明，2014）；以格力、美的、京东方等为代表的传统制造企业通过技术创新实现了海内外市场的大规模扩张，这些企业通过商业模式和技术创新协同提高创新绩效的经验对发展中地区企业具有借鉴意义。

二、理论背景

创新研究受到很多学者的长期关注，学者们对商业模式与技术创新之间存在相互作用的关系达成了一定共识，但是现有研究成果缺乏对商业模式与技术创新之间作用机制的系统深入研究。一些学者研究了技术创新方式对商业模式类型选择的影响，蒂斯（Teece D J，2010）研究了技术体制对技术创新的影响，他认为技术独占一方面会影响技术创新的经济效益，另一方面还会影响企业经营策略的制定。李志强和赵卫军（2012）认为商业模式与技术创新存在相互作用，当企业开展技术创新时往往会进行商业模式改革。也有学者对商业模式影响技术创新开展了研究，认为企业可以通过良好的商业模式设计发挥后发企业的后发优势并克服后发劣势，从而提高后发企业的创新绩效。商业模式与技术创新之间的匹配效果会显著影响企业创新绩效（姚明明、吴晓波等，2014）。

切斯布洛和罗圣朋（Chesbrough H & Rosenbloom R S，2002）

认为企业的商业模式会显著地影响技术创新成果的市场转化效果，因为商业模式会通过企业内部运营机制对技术创新进行过滤，一方面，企业会加大培育有利于市场转化的技术创新成果；另一方面，企业会快速淘汰没有市场前景的技术创新方向。这个过程中商业模式发挥着重要的作用，所以企业的商业模式设计会显著影响技术创新的方式，一些不适合市场转化的技术创新研究在一开始就会被企业叫停。

通过分析现有理论研究成果，发现越来越多的研究人员认同商业模式与技术创新之间存在着相互作用的紧密关系，但是现有研究的关注点比较分散，而且很多研究视角局限于一维，只是从单一方向开展研究，如技术创新对商业模式的影响，或者商业模式对技术创新的影响，缺乏对两者之间相互作用关系的深入、系统研究。现有的研究成果主要以欧美发达地区企业的典型案例为研究对象，缺乏对发展中地区企业案例开展研究，因此现有研究成果对发展中地区企业的借鉴性不强。已有关于商业模式的研究多采取静态的视角，不利于企业根据动态变化的环境确定合适有效的企业策略（Cosenz et al.，2018）。

第二节 研究问题

技术创新方式的选择与商业模式的设计都是企业重点关注的战略问题，但是学者们没有对两者之间的多维度协同关系开展深入研究。已有研究成果较少涉及不同技术环境下不同类型的商业模式与不同方式的技术创新的匹配关系。商业模式理论所具有的企业运营逻辑能够很好地解释技术创新成果如何实现市场转化。不同的技术创新方式需要不同的商业模式在时间、流程、资源等方面给予合理的协调，才能实现最佳的创新绩效，但是现有研究成果没有很好地解决两者之间动态多维度的协同问题，所以本书将基于权变理论、组织架构理论等管理思想，探索商业模式对创新绩效的影响机制。本书将重点探索商业模式与技术创新之间协同作用的机制，以此探索以提升企业创新绩效为目的的商业模式与技术创新的协同路径。本书成果将为发展中地区企业的创新发展提供理论依据和管理工具，帮助发展中地区企业提高市场竞争优势。因此，本书将逐步深入探索以下三个相互关联的具体子问题。

问题 1：商业模式对创新绩效的影响机制。

已有研究成果对商业模式会影响企业竞争优势达成了共识，部分学者开展了商业模式对企业创新绩效影响的相关研究。很多相关研究是以经济发达地区的企业为研究对象，但是发达地区企业所处的经营情境与发展中地区的具体情境不同，所以这些研究成果不适合发展中地区。过去的相关研究成果缺乏多维度研究视角，而且对商业模式影响创新绩效的机制缺乏深入系统的实证分析。因此，本书提出问题 1：商业模式如何影响高新技术服务企业的创新绩效。本书将依据已有研究成果深入探索商业模式对高新技术服务企业创新绩效的影响机制，并开展规范的实证研究以进一步分析和验证。

问题 2：技术创新在商业模式与创新绩效的关系中产生什么

作用。

以往很多研究成果指出技术创新是创新绩效的重要影响因素（Zott C，Amit R & Massa L，2011；Teece D J，2018）。技术创新一直是很多学者的研究关注点（罗兴武、刘洋和项国鹏等，2018），但是已有研究成果较少关注商业模式与技术创新的协同匹配机制，较少将商业模式、技术创新和创新绩效同时结合起来研究，缺乏对商业模式与技术创新之间多维度不同匹配方式的分析。因此，本书提出问题2：技术创新在商业模式与创新绩效的关系中产生什么作用。本书将依据已有研究成果探索商业模式、技术创新和创新绩效之间的关系，并开展规范的实证研究以进一步分析和验证。

问题3：技术环境如何影响商业模式与创新绩效的关系。

技术环境是企业开展技术创新活动的重要外部情境，在企业开展技术创新时有着不可忽视的影响作用，当企业面临的技术环境不同时，商业模式对创新绩效的影响机制会发生变化，所以企业必须认真思考不同技术环境下商业模式、技术创新和创新绩效关系的动态协同。将技术环境作为调节变量引入本书的研究将使研究成果更加贴近企业的经营情境。因此，本书提出问题3：技术环境如何影响商业模式与创新绩效的关系。本书将以技术环境为调节变量，分析技术环境对商业模式与创新绩效关系的调节效应。

第三节 研究对象

本书聚焦于发展中地区高新技术服务企业的创新发展活动，探索商业模式对创新绩效的影响机制。我国作为一个发展中国家，开展市场化经济改革的时间比较晚，企业参与市场竞争的时间也不长，而且长期面临资源匮乏的困难，但是我国企业具有后发企业的特点（Mathews J A & Cho D S，1999）。我国企业通过技术创新和商业模式创新克服了技术和资源劣势，实现了企业快速发展，以华为、阿里巴巴、腾讯、中芯国际等为代表的高新技术企业取得了举世瞩目的成就，高新技术企业对促进技术进步、增强国家创新能力、推动经济增长产生了积极影响（李金华，2020）。

2019 年我国的科技创新能力获得显著提升，科技创新主要指标稳步提高。我国全社会研发支出占全国 GDP 的 2.15%，研发人员总量达到 418 万人，而高新技术企业的从业人员达到 3437 万人。我国现在是世界上研发人员最多的国家，科研人员发表的国际科技论文数量和论文被引用次数位居世界第二。我国申请和授权的发明专利数量都是世界最多的，截至 2020 年 6 月，我国获得认证的高新技术企业达到 218544 家，科技型中小企业也有 13 万多家。2019 年我国技术合同成交额达到人民币 1.78 万亿元，科技进步对我国经济的贡献率超过 58.5%，我国的综合创新能力已经位列世界第17位[①]。

2019年我国高新技术企业营业总收入为人民币450957.7亿元，工业总产值为人民币324137.4亿元，净利润总额达人民币27340.7亿元，上缴税额总数为人民币17988亿元，出口创汇总额达7114.1亿美元（见表1-1）[②]。2013~2019年我国高新技术企业各项经营指标呈现稳步增长趋势，高新技术企业的快速发展正成为经济全球化大背景下的新典型。我国高新技术企业的创新发展经验对其他发展中国家企业具有一定的借鉴性。

表1-1　　2013~2019年我国高科技企业经营情况

项目	2013年	2014年	2015年	2016年	2017年	2018年	2019年
营业收入（亿元）	193837.4	217304.8	222234.1	261093.3	318374.1	389203.1	450957.7
工业产值（亿元）	175105.4	211335.9	189757.5	212268.8	243898.0	288706.3	324137.4
净利润（亿元）	12825.5	14399.2	14894.8	18859.7	23217.1	26140.3	27340.7
完税（亿元）	9277.4	10674.8	11052.1	13159.1	15578.3	18000.8	17988
出口收入（亿美元）	4915.8	5068.6	4768.7	4694.9	5600.7	6801.4	7114.1

根据《高新技术企业认定管理办法》对高新技术企业的界定，高新技术企业主要是航空航天、电子信息、新能源与节能、

① 数据来源：智研咨询的《2021—2027年中国高新技术行业市场现状调查及投资战略咨询报告》。

② 数据来源：国家统计局2020年的统计数据。

新材料、资源与环境、生物与新医药、先进制造与自动化、高新技术服务八大领域内对创新研发持续投入的企业，这些企业依据不断的科学研发形成自主知识产权和核心竞争力。我国科技部2020年最新统计数据显示，8个技术领域的高新技术企业所占比例不相同，具体如表1－2所示。从统计数据可知，高新技术服务企业在我国高新技术企业中占有很大的比例，达到11.9%。

表1－2　　　　高科技企业分布　　　　单位：%

编号	技术领域	比例（%）
1	电子信息	29.12
2	高新技术服务	11.90
3	先进制造与自动化	26.74
4	航空航天	0.66
5	生物与新医药	7.76
6	新材料	14.10
7	新能源与节能	4.00
8	资源与环境	5.72

我国服务业产值在国内生产总值中所占的比例逐年增加，服务业已经成为我国经济重要的组成部分，对我国经济的贡献率也呈现逐年增长的趋势，服务业已经是对我国经济增长贡献最大的产业，2019年，第三产业对GDP的贡献率达到63.5%（见表1－3）。

表1-3　我国三类产业对经济的贡献率　单位：%

项目	2019年	2018年	2017年	2016年	2015年
第一产业对GDP的贡献率	3.9	4.1	4.6	4.0	4.4
第二产业对GDP的贡献率	32.6	34.4	34.2	36.0	39.7
第三产业对GDP的贡献率	63.5	61.5	61.1	60.0	55.9

资料来源：2020年国家统计局公布的数据。

高新技术服务业是不断开展创新研发的服务业，在经济发展过程中有着不可替代的作用（Co C Y，2007），发展高新技术服务业是国家经济发展到一定阶段后的普遍做法（Allon，2007）。技术创新是高新技术服务业最重要的组成部分（Larsen J N，2001），不断开展创新成为高新技术服务业成功的关键因素（Musolesi A，2010）。高新技术服务企业在提供高技术型服务时具有双重角色，一方面，高新技术服务企业是客户的外部新技术来源；另一方面，高新技术型服务企业自身也会从外部引入新技术，从而提高服务质量。高新技术服务企业的上述特征有利于促进经济增长（Mcmanus J，2009）。根据我国统计局2020年12月的统计数据，我国在高技术服务业方面的投资持续增加，2020年1月至11月，高技术服务业投资的平均增长率为10.0%，11月份的增速比前10个月的平均增速提高0.6个百分点，其中，11月份电子商务服务业投资增速为32.2%，信息服务业投资增速为16.1%，科技成果转化服务业投资增速为17.5%①。

① 数据来源：2020年国家统计局公布的数据。

根据以上论述，本书选择我国境内的高新技术服务企业作为研究对象。企业商业模式的设计与运行、技术创新方式的选择和执行都需要协调很多部门参与，这些情况不是一般员工能够全面了解的，只有那些能够接触企业整体运营情况、掌握企业各部门信息的领导才能够了解企业商业模式和技术创新的整体情况，所以本书的调查对象是我国境内高新技术服务企业的高层管理人员或创始人。

第四节　研究意义

本书主要围绕“商业模式对创新绩效的影响机制”开展研究。因此，本书的研究成果将对商业模式、技术创新、技术体制和创新绩效等方面的理论有所深化和拓展，研究成果也可以为企业开展创新活动提供指导思想。

一、理论意义

本书通过研究商业模式、技术创新、技术体制和创新绩效之间的关系，构建这些变量之间的理论框架，并对这些理论框架开展实证研究。因此，本书的理论意义主要体现为以下 3 个方面：

1. 对创新绩效研究的意义

第一，以往关于企业创新绩效的研究主要关注韩国、日本、欧美等发达国家企业的创新过程（Mathews J A，2002），而对于发展中地区企业的研究相对较少。我国作为发展中国家，在改革开放之后实现了经济的快速发展，我国企业所处的经营情境具有与发展中地区相同的特点，企业提升创新绩效的经验可以为发展中地区企业提供借鉴。因此，本书将拓展创新绩效的研究范围。

第二，已有研究主要从工业技术学习和创新的视角研究创新绩效（Park K H & Lee K，2006）。本书将从商业模式与技术创新结合的视角研究创新绩效，因此本书的研究成果不仅可以拓展创新绩效的研究视角，而且可以丰富新时代企业创新发展理论。

2. 对商业模式研究的意义

第一，本书基于商业模式的视角研究发展中地区企业的创新绩效，因此研究成果将丰富和拓展商业模式理论的应用场景。本书将在深入分析和梳理有关商业模式的研究成果基础之上，进一步实证研究商业模式对创新绩效的影响机制，所以本书将进一步对商业模式概念的有效性开展验证。

第二，本书将依据权变理论中有关企业战略目标与组织架构关系的观点（Mintzberg H，1979；郑伟、姜民杰，2019），将商业模式作为企业的一种组织架构（龚丽敏、江诗松和魏江，2011）。本书将研究商业模式与技术创新、创新绩效之间的相互关系，因此研究成果可以拓展商业模式的理论，也将丰富权变理论的应用场景。

3. 对技术体制研究的意义

学术界广泛认同技术体制会对企业创新绩效产生影响。已有的技术体制研究主要关注产业层面，很多学者主要使用技术体制分析不同产业的创新行为（Breschi S，Malerba F & Orsenigo L，2000）。本书将技术体制作为企业创新活动的重要技术环境，从而关注技术体制对企业的影响作用，将技术累积、技术独占、技术机会和知识基属引入技术体制的研究（Breschi S et al.，2000）。本书将通过实证研究探索技术体制对商业模式、技术创新和创新绩效关系的调节效应，所以本书研究成果将丰富技术体制的应用场景。

二、实践意义

良好的商业模式设计可以帮助发展中地区企业提升创新绩效，从而获取市场竞争优势。本书探索发展中地区企业商业模式对创新绩效的影响机制，以及在不同技术体制环境下商业模式与技术创新的协同路径。我国高新技术服务企业在创新绩效方面取得了显著的成效，所以本书以我国高新技术服务企业为研究对象。本书的研究成果对发展中地区企业制定创新绩效提升策略具有一定的实践意义。

1. 帮助发展中地区企业认识商业模式对创新绩效的重要作用

经济全球化背景下产业的组织边界已经变得模糊，社会价值创造过程由单一的价值链逐渐转变为跨行业的价值网络。社会价值创造过程在不断瓦解后再以模块化的方式重组为全球化的价值网络（Falkenberg A W & Falkenberg J，2009；Westergren U H &

Holmstrom J，2012）。良好的商业模式设计可以帮助发展中地区企业克服资源不足、市场进入晚等方面的后发劣势。随着全球技术创新的快速发展，如果发展中地区的企业仅仅依赖研发投入推动技术创新，很难实现对发达地区企业的超越。发展中地区企业通过良好的商业模式设计融入全球化的价值网络可以实现全球资源的高效整合，这将是发展中地区企业实现创新发展的重要路径（Wu X，Ma R & Shi Y，2010；吴晓波、朱培忠和吴东等，2013）。本书将实证研究发展中地区企业商业模式对企业创新绩效的影响机制，研究成果将帮助发展中地区企业进一步深入地认识商业模式对提升企业创新绩效的作用。

2. 指导发展中地区企业开展商业模式和技术创新方面的实践活动

商业模式主要有效率型商业模式和新颖型商业模式两种设计主题，而技术创新主要有自主研发和购买引进两种主要方式。本书将探索不同设计主题的商业模式与不同方式的技术创新的匹配关系。商业模式与技术创新的不同匹配关系对企业的创新绩效将产生不同的作用，不同的匹配情况下既可能出现正面的促进作用，也可能出现负面的阻碍作用，所以本书的研究成果可以帮助发展中地区企业在设计商业模式与选择技术创新方式时进行合理的匹配。

3. 指导发展中地区企业根据外部环境动态调整经营决策

发展中地区企业所处的经营情境是动态变化的，所以企业的商业模式设计与技术创新方式选择会受到外部环境影响。因此，企业需要根据环境的变化情况动态调整经营决策，只有这样才能确保企业的商业模式设计与技术创新方式适应外部环境。本书还将通过大样本数据实证分析技术体制对高新技术服务企业创新绩效的调节效应，还将探索不同技术体制环境下商业模式与技术创新的良好匹配方式，所以本书的研究成果可以指导发展中地区企业动态调整有关商业模式与技术创新方面的经营决策。

第五节 研究创新

通过整理分析已有关于创新绩效的研究文献发现，学者们已经尝试从多个角度开展相关研究（Gkypali A，Filiou D & Tsekouras K，2017）。帕克和科伊恩（Park K H & Lee K，2006）从技术学习和技术创新的视角开展研究；佐特和阿米特（Zott C & Amit R，2007，2008，2011）从商业模式设计角度开展实证研究，除此之外还有很多学者从不同的领域对创新绩效开展了探索性研究（赵静杰、徐光磊和蔡骏强等，2020；Wu J，2013）。现有文献关于创新绩效的研究视角比较分散，而且主要是以一维的视角开展研究，如单一地研究商业模式或技术创新对企业创新绩效的影响，缺乏将商业模式与技术创新相结合的多维度视角研究。本书将基于权变理论、组织架构理论等管理思想，以商业模式、技术创新和技术体制相结合的视角研究创新绩效。本书将在以下三个方面开展拓展性和创新性的研究。

1. 以发展中地区企业为研究对象，拓展创新绩效的研究范围

已有关于创新绩效的研究主要以发达地区企业为研究对象（Hobday M，1995；Zott C & Amit R，2008）。这些研究中研究对象所处的经营情境与发展中地区企业所处的经营情境不符，而且关于创新绩效的研究成果主要强调技术学习和技术创新的影响作用（Lee K & Lim C，2001；Mathews J A，2002；Park K H & Lee K，2006）。商业模式是企业价值创造的逻辑对创新绩效产生影响（Zott C & Amit R，2008）。本书以发展中地区企业为研究对象实证研究商业模式对创新绩效的影响机制。因此，本书的研究成果将拓展创新绩效和商业模式的研究范围。

2. 理论探索和实证检验商业模式与技术创新的匹配关系

本书以权变理论为依据，从理论上探讨商业模式与技术创新的匹配关系，以商业模式和技术创新结合的视角分析商业模式对创新绩效的影响机制。研究中，依据新技术的来源将技术创新分为自主研发和购买引进两种方式，将探索不同设计主题的商业模式与不同方式的技术创新相匹配对创新绩效的影响效果。本书将开展企业层面的探索性案例研究和大样本数据的实证研究，因此研究成果将拓展创新绩效的研究视角。

3. 理论探索和实证检验技术体制对商业模式、技术创新与创新绩效关系的调节效应

企业创新活动会受到外部环境的影响，所以对创新绩效的研究需要考虑外部环境因素。已有研究成果主要关注技术体制在产

业层面的影响作用，较少关注技术体制对企业的直接影响。本书将引入技术机会、技术独占、技术累积和知识基属变量从而探索发展中地区技术体制的调节效应，将使用大样本数据实证分析不同技术体制环境下企业商业模式、技术创新和企业创新绩效的关系。因此，本书的研究成果将拓展技术体制的研究范围。

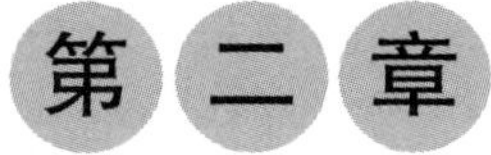

文献综述

第一节　关键概念评述

本部分将对上述研究问题涉及的关键概念进行梳理和评论，通过梳理这些关键概念为后续研究寻找合适的研究方法和相关的理论依据。

一、商业模式

商业模式作为一个学术词语首次出现在贝尔曼（Bellman，1957）发表的论文中（Osterwalder A，Pigneur Y & Tucci C L，2005），但当时并没有引起学术界的重视。20 世纪 90 年代一批互联网企业借助商业模式创新在短期内获得巨大成功的现象，才使商业模式引起企业管理人员的重视。随着企业实践领域对商业模式重视程度的提高，学术界也开始加强对商业模式概念及相关理论的研究，很多学者从企业战略管理和创新发展的角度研究商业模式（Chesbrough H & Rosenbloom R S，2002）。商业模式是构成企业竞争优势的重要因素（Amit R & Zott C，2001）。商业模式对企业的重要性已经获得实践界人士的认同，也获得了学者们的广泛关注，但是商业模式至今没有形成统一的概念界定。因此，部分学者质疑商业模式是否可以作为一个独立的研究概念（Dasilva Carlos M & Trkman Peter，2014）。早期研究成果中商业模式与企业战略管理之间存在高度的概念内涵重叠，关于商业模式的研究成果之间也没有形成良好的累积性（Foss N J & Saebi T，2017）。商业模式概念的内涵界定长期不一致，并且缺乏相关实证研究，这些原因导致部分学者质疑商业模式概念的独立性。虽然如此，学术界对商业模式的研究并没有停止，而且一直保持着研究成果的增长（Foss Nicolai J & Saebi Tina，2018）。现有学者们从不同的视角对商业模式开展研究，关于商业模式的研究视角主要包括：价值创造视角、资源整合视角和市场竞争视角（Yao Mingming，2014）。

基于价值创造视角的商业模式研究主要分析企业如何通过经营业务获取价值。商业模式描述了企业价值定位、价值创造和价值获取的逻辑架构，反映了企业交易过程的产品、服务和信息流的交互流程（Timmers P，1998）。商业模式描述的是企业实际交易流程背后的价值逻辑，企业通过价值链整合顾客、价值定位、盈利模式、关键资源和交易程序，从而创造价值和获取价值（Johnson M W，Christensen C M & Kagermann H，2008）。企业通过价值链创造的价值将与交易伙伴和客户共同分享，有效的价值创造和价值传递活动可以帮助企业获得可持续的收益流（Osterwalder A，Pigneur Y & Oliveira et al.，2011）。

基于资源整合视角的商业模式研究主要分析企业如何通过整合内外部资源实现盈利。商业模式反映了企业的运作流程（Magretta J，2002），描述了企业如何整合经营要素（Applegate L M & Collura M，2000）。商业模式可以通过商业机会将企业、供应商、辅助者、客户以及雇员整合成高效的交易体系（Amit R & Zott C，2001），企业通过在多个细分市场与交易伙伴建立关系网络从而获取稳定的盈利。商业模式在企业、交易伙伴、客户之间识别产品流、信息流和资金流的过程中承担重要角色（Amit R & Zott C，2001）。

基于市场竞争视角的商业模式研究主要分析企业如何通过商业模式创新获取竞争优势。企业商业理念的创新可以改变行业经营规则，给企业带来新的客户价值。商业模式是企业商业理念在实际经营过程中的具体体现（Hamel G，2001），通过对企业战略、组织架构等经营决策的调整使企业在市场上获取持续的竞争优势（Morris M，Schindehutte M & Allen J，2005）。商业模式是对企业核心经营逻辑和战略决策的重要表述，帮助企业在价值网络中创造和获取价值（Shafer S M，Smith H J & Linder J C，2005）。商业模式可以通过市场将企业的技术创新成果转换为经济产出（Chesbrough H & Rosenbloom R S，2002）。

无论从哪个视角对商业模式开展研究，最终目标都是帮助企业实现价值获取（Morris M et al.，2005）。商业模式研究主要分析企业商业行为在价值实现过程中的具体表现（Chesbrough H &

Rosenbloom R S，2002；Magretta J，2002）。鉴于此，本书将通过梳理基于价值创造视角的商业模式相关研究文献，对商业模式的定义、构成要素及其之间的逻辑关系进行甄别，通过提炼商业模式的价值创造逻辑，为商业模式理论发展和企业实践活动提供有益的启示。

1. 价值创造视角研究商业模式的变化过程

学者们对商业模式的研究长期处于主题分散的状态，导致商业模式的定义不一致（Clauss T，Kesting T & Naskrent J，2019；Teece D J，2018）。商业模式定义和构成维度的统一有利于进一步开展量化研究和假设检验（Foss N J & Saebi T，2018；Zott C et al.，2011）。学术界对于商业模式概念的研究越来越收敛于价值类定义（Wirtz B W，Pistola A & Ullrich S et al.，2016；Foss N J & Saebi T，2018）。学者们从价值创造视角不断发现商业模式的新规律，并不断探索其中的深层规律。商业模式是企业为自己、顾客，以及其他利益相关者创造价值的逻辑（Wirtz B W et al.，2016；Mahadevan B，2000；Foss N J & Saebi T，2018；Yuan Lei，2007；Casadesus - Masanell R & Ricart J E，2010）。商业模式通过价值创造和价值获取环节为焦点企业创造价值（Zott C et al.，2011；Amit R & Zott C，2001；Wirtz B W et al.，2016；Shafer S M et al.，2005；Chesbrough H，2007）。一些学者通过对商品交付和消费过程的分析，得出商业模式包括企业创造价值、向顾客及利益相关者传递价值，以及企业最终获取价值等活动环节（Magretta J，2002；Osterwalder A et al.，2011；Johnson et al.，2008；Richardson J，2008；Teece D J，2010；Baden - Fuller C & Morgan

M S, 2010)。价值定位是商业模式的关键环节(Osterwalder A et al., 2011)。

笔者于 2021 年 1 月在 Web of Science 核心数据库分别以价值创造视角的不同研究主题检索 1990 ~ 2020 年的相关文献，收集到丰富的研究资料，以商业模式与价值创造为研究主题检索到 3978 篇论文，以商业模式、价值创造和价值捕获为研究主题检索到 461 篇论文，以商业模式、价值创造和价值交付为研究主题检索到 196 篇论文，以商业模式和价值定位为研究主题检索到 1313 篇论文。本书通过分析上述不同主题的研究文献，发现在 1990 ~ 2020 年间相关商业模式研究的论文数量呈现逐年增加的趋势，如图 2 - 1 所示。本书通过进一步分析这些文献被引用的情况，发现这些研究成果被引用的频次也呈现出逐年增加的趋势，如图 2 - 2 所示。

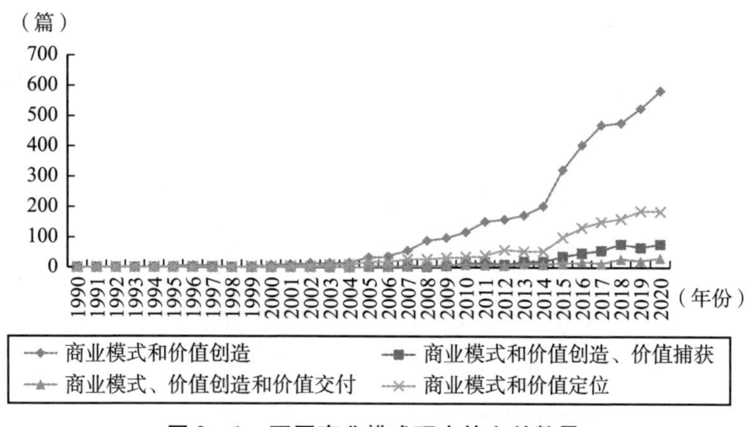

图 2 - 1 不同商业模式研究的文献数量

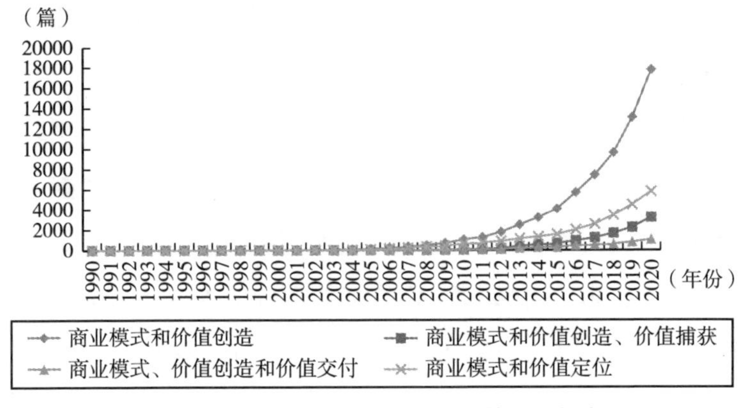

图 2-2　不同商业模式研究文献被引用频次

通过梳理从 Web of Science 核心数据库收集的研究文献，发现基于价值创造视角的商业模式研究呈现出阶段性的演化过程。

第一，企业盈利主题阶段（1999 年之前）。该阶段的研究主要关注企业的盈利问题，从财务的视角分析企业的价格、收入、利润、现金等经营要素，该阶段很少将价值观念引入商业模式的研究，学者们认为商业模式是企业的获利机制（Wirtz B W et al.，2016；Osterwalder A et al.，2005；Teece D J，2010）。从财务视角研究商业模式的盈利性特征为后续商业模式研究奠定了理论基础。

第二，价值定位和价值创造主题阶段（1999～2005 年）。该阶段的研究热点转变为企业如何创造价值最大化和获取长期发展。商业模式是企业创造价值的逻辑（Casadesus - Masanell R & Ricart J E，2010），此观点成为该阶段的重要研究结论。价值创造的引入开启了商业模式研究的新视角。基于价值创造视角的商业模式研究将已有的企业战略、运营、财务、创业等相关领域研究成果进行整合，并使商业模式的研究领域进一步拓展（Zott C et al.，2011）。与此同时，一些学者认为价值定位是商业模式的一个重要环节，需要关注企业对顾客和相关利益者的价值定位（Clauss T et al.，2019），但是该阶段的研究忽视了企业是如何盈利的问题。

第三，价值创造、价值定位、价值获取主题阶段（2005～2010年）。企业通过为顾客和利益相关者创造价值，从而实现自身的价值获取，因此商业模式包括：价值创造和价值获取两个重要的核心功能（Osiyevskyy O & Dewald J，2018）。此阶段的研究者将价值获取独立为商业模式的一个重要功能。

第四，价值定位、价值创造、价值获取和价值传递主题阶段（2010年至今）。一些学者受企业运营方面研究成果的影响，从商业模式价值定位、价值创造和价值获取的框架下独立出价值传递功能（Osterwalder A et al.，2005；Teece D J，2010），价值定位、价值创造、价值传递以及价值获取是企业商业逻辑的不同环节（Osterwalder A et al.，2011；Richardson J，2008）。

本书将基于价值创造视角的商业模式研究划分为四个不同的演化阶段（见图2－3），这种划分体现了学者对商业模式研究主题不断丰富和深化的过程，而不是新研究主题取代旧研究主题的过程，还将不同研究阶段的代表性研究成果进行了整理，具体如表2－1所示。

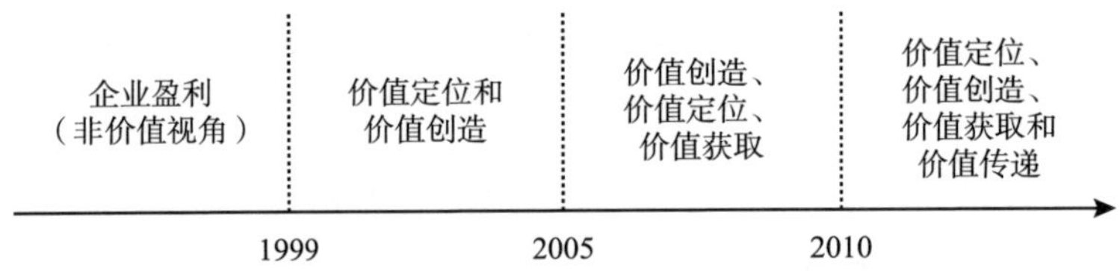

图 2-3　基于价值创造视角的商业模式研究主题演进过程

表 2-1　　不同主题的商业模式研究成果

主题	作者	要点
价值定位	Martins L L, Rindova V P & Greenbaum B E, 2015	商业模式描述了有关企业自身和客户价值的相关要素
	Johnson et al., 2008	商业模式是通过整合各类关键资源为客户和自身创造价值的盈利方式
	Richardson J, 2008	商业模式包括价值定位、价值创造、价值获取和价值传递
	Wei Jiang et al., 2012	商业模式的逻辑包括企业的价值定位、价值创造和价值获取环节
	Laasch O, 2018	商业模式包括四个方面：价值定位、价值创造、价值获取和价值交换
价值创造	Mahadevan B, 2000	商业模式不仅包括价值创造，也包括价值创造的模式
	Amit R & Zott C, 2001	商业模式是企业交易结构、交易内容和交易治理的商业逻辑
	Casadesus - Masanell R & Ricart J E, 2010	商业模式描述了企业为利益相关者创造价值的逻辑过程

续表

主题	作者	要点
价值创造、价值获取	Shafer S M et al. ，2005	商业模式体现了企业如何在价值网络中创造价值、获取价值的战略决策
	Zott C，Amit R，2007	商业模式是企业价值创造、获取价值的机制
	Chesbrough H，2007	价值创造和价值获取是商业模式的两大核心功能
	Spieth P，Schneider S，Clau T et al. ，2019	商业模式可以帮助管理者理解价值创造以及价值获取
价值创造、价值获取和价值传递	Teece D J，2010	商业模式描述企业的逻辑结构价值创造、价值获取和价值传递
	Baden – Fuller C & Morgan M S，2010	商业模式描述了企业价值创造和价值获取的盈利方式
	Osterwalder A et al. ，2005	商业模式揭示了企业的基本原则——价值创造、价值获取和价值传递
	Foss N J & Saebi T，2018	商业模式是企业的集合价值创造，包括价值获取和价值传递

2. 价值创造视角的商业模式构成要素

通过上述文献梳理发现，价值定位、价值创造、价值获取和价值传递是构成商业模式的重要元素（Richardson J，2008；Lasch O，2018）。已有研究文献对这些构成要素都有丰富的研究成果，本书整理如下。

要素 1：价值定位。

一些学者研究指出商业模式的价值定位是顾客价值定位（Johnson et al. ，2008；Magretta J，2002；Chesbrough H & Rosenbloom R S，2002）。价值定位要能回应企业的两个重要问题：谁是企业的目标顾客，以及这些顾客的需求是什么（Magretta J，2002）。顾客价值定位描述了企业为顾客遇到的问题提供什么样的解决方案（Chesbrough H & Rosenbloom R S，2002），如何解决顾客亟待解决的需求（Johnson et al.，2008）。价值定位是公司满足目标顾客需求而提供的产品或服务等一系列利益集合（Osterwalder A et al.，2011）。顾客价值定位也是顾客需求的解决方案，包含了提供给顾客的产品或服务以及相应的提供方式（Clauss T et al.，2019；Wirtz B W et al.，2016），是一种以顾客需求为导向的研究。但是企业商业模式的价值定位应该面向更广泛的利益相关者，如顾客、赞助商、供应商、互补者等（Wirtz B W et al.，2016；Foss N J & Saebi T，2018；Osterwalder A et al.，2005；Chesbrough H & Rosenbloom R S，2002）。商业模式价值定位描述的是企业给予利益相关者的价值，反映了企业与利益相关者的交易内容，是说服其他组织选择与企业合作的理由（Chesbrough H & Rosenbloom R S，2002）。一些学者认为顾客价值定位是商业模式创新的源头和起点，也是触发商业模式创新的最活跃因素（Teece D J，2010；Osterwalder A，Pigneur Y & Bernarda G，2015）。顾客价值定位的创新可以引发企业商业模式的创新（Wirtz B W et al.，2016），所以顾客价值定位是商业模式的核心价值定位，也是其他利益相关者实现价值的前提和基础。

要素 2：价值创造、价值获取和价值传递。

价值创造是企业根据价值定位开展价值创造的活动过程（Osterwalder A et al.，2005；Teece D J，2010；Zott C et al.，

2011）。商业模式所构建的逻辑是企业落实其价值定位的过程，包括了企业提出具有吸引力的价值定位，并建设保障价值定位实现的支撑体系，所以价值创造是商业模式的核心功能和重要组成部分（Amit R & Zott C，2001；Shafer S M et al.，2005；Chesbrough H，2007）。价值创造模块描述了企业与顾客、销售商和供应商等利益相关者共同创造价值的过程（Clauss T et al.，2019；Wirtz B W et al.，2016；Foss N J & Saebi T，2018）。早期学者将价值创造主要局限于企业为顾客创造价值的经营体系（Clauss T et al.，2019；Laasch O，2018），随着研究的深入，学者对价值创造的认识也由价值创造是焦点企业的单独职责转变为所有利益相关者共同参与价值创造（Wirtz B W et al.，2016）。

依据价值理论的分析原理，价值分配是紧接价值创造之后的逻辑环节。价值创造环节解决价值如何产生的问题，价值分配环节关注所创造的价值如何进行分配的问题。商业模式也遵循先进行价值创造再开展价值分配的因果逻辑关系。企业的商业模式设计，一方面需要考虑如何协同各方利益相关者创造价值；另一方面还需要考虑如何在各方利益相关者之间分配价值，只有价值在利益相关者之间的分配合理才能确保商业模式的成功实施。设计商业模式时将价值分配分为价值获取和价值传递两个功能模块（Teece D J，2010）。一些学者认为价值获取是企业的盈利模式、财务管理模式或者如何获取利润的机制（Wirtz B W et al.，2016；Osterwalder A et al.，2005；Johnson et al.，2008；Teece D J，2010），但是这个观点只关注到了企业自身，没有考虑到商业模式所整合的其他利益相关者。价值获取不但包括企业获取价值，也包括企业股东、员工、客户、供应商以及销售商等利益相关者在参与价值创造过程中获取价值（Johnson et al.，2008；Teece D J，2010）。通过梳理文献发现，价值传递也被称为价值交付、价值交换。价值传递是指企业如何将商业模式所创造的价值传递、交付给利益相关者的机制（Teece D J，2010；Laasch O，2018）。价值传递包括信息流、物质流和能量流等多方面因素的传递（Osterwalder A et al.，2011），所以价值传递的目标是如何向顾客、供应商、销售商和员工等内外部利益相关者开展高效的利益分配。向顾客传递价值是价值传递中的重点环节。

价值创造和价值获取是商业模式的两个重要功能（Zott C et al.，2011；Casadesus - Masanell R & Ricart J E，2010；Amit R & Zott C，2001；Shafer S M et al.，2005；Chesbrough H，2007）。根据上述分析可知，价值获取和价值传递共同构成了商业模式的价值分配环节，所以价值定位、价值创造、价值获取和价值传递共同构成了商业模式的价值逻辑框架。商业模式描述了企业和各方利益相关者如何共同开展价值定位、价值创造、价值传递，以及价值获取的经营管理过程，因此商业模式的设计思路由焦点企业单独创造价值转变为利益相关者集体共同参与设计，商业模式的核心问题由焦点企业如何获取价值最大化转变为如何让所有利益相关者共同获取价值最大化。

3. 商业模式的价值逻辑关系

商业模式由多种要素共同构成，但是这些要素之间以一种什么样的关系进行组合成为一些学者的关注点（Johnson et al.，2008；Teece D J，2010；Yuan Lei，2007；Wei Jiang et al.，

2012）。企业只有在厘清价值定位、价值创造、价值传递，以及价值获取之间的相互关系后，才能更好地整合内外部的资源以实现商业模式的高效运转。

商业模式的线性价值逻辑关系。商业模式的价值要素以线性关系链接（Teece D J，2010），先通过价值定位吸引利益相关者参与价值创造活动，再通过价值传递活动实现利益相关者共同参与价值获取（Johnson et al.，2008；Wei Jiang et al.，2012）。该观点描述了商业模式内部隐含的线性价值逻辑关系。价值定位是商业模式设计的起点，价值创造和价值传递是价值实施环节，价值获取是商业模式设计的最终成果，所以商业模式的线性价值逻辑关系为：价值定位—价值创造—价值传递—价值获取（见图 2－4）。商业模式的逻辑是先进行价值定位，再进行价值创造和价值传递，沿着线性轨迹发展，最终实现价值获取。商业模式的价值逻辑是线性关系，这种观点是一种链式思维（Teece D J，2010）。

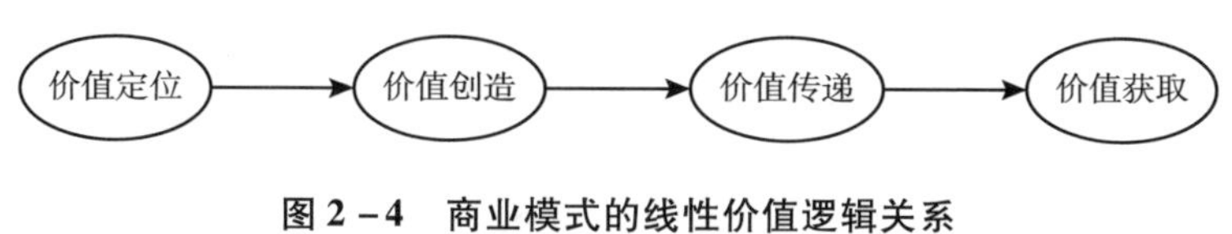

图 2－4 商业模式的线性价值逻辑关系

商业模式的环状价值逻辑关系。虽然以线性逻辑关系解释商业模式各要素之间的组合便于理解和接受，但是线性单向关系很难解释商业模式各要素之间的复杂关系，因此一些学者对商业模式的线性价值逻辑提出了异议（Johnson et al.，2008；Osterwalder A et al.，2011）。商业模式的设计和实施过程就是价值定位的提出和实施过程，良好的价值定位是构建和管理商业模式的主线（Osterwalder A et al.，2011）。商业模式从开始设计价值定位的时候就需要调动企业内外部要素与之相匹配，因为价值定位蕴含着商业模式的总目标和总要求（Johnson et al.，2008）。价值定位对价值创造、价值传递和价值获取的构建和运行提出具体要求（Johnson et al.，2008；Amit R & Zott C，2001）。根据企业经营管理相关的研究成果，价值创造、价值获取和价值传递两两之间是相互影响的互动关系（Wirtz B W et al.，2016；Foss N J & Saebi T，2018；Teece D J，2010；Laasch O，2018），所以商业模式的价值逻辑关系是一个相互联系和支撑的环状。商业模式的环状逻辑关系是价值定位居于核心，价值创造、价值传递、价值获取环绕价值定位，各要素之间相互支撑，从而形成一个彼此循环互动的复杂网络，具体如图 2-5 所示。

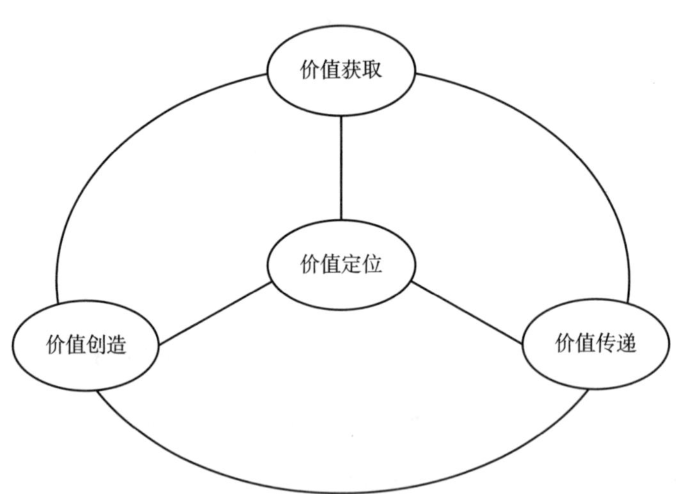

图 2-5 商业模式的环状价值逻辑关系

根据上述分析可知，商业模式的价值逻辑研究存在两种不同的观点：线性逻辑关系和环状逻辑关系。线性价值逻辑关系的观点便于企业清晰理解商业模式主要价值活动的逻辑顺序。环状价值逻辑关系能够更好地解释商业模式主要价值活动之间动态交互的复杂关系，便于企业理解商业模式价值活动之间的联动性和创新变化的整体效应（Zhu Mingyang，Li Chenxi & Zeng Guojun，2021）。据此认为，价值创造视角的商业模式描述了所有利益相关者共同参与价值定位提出，价值创造、价值传递和价值获取的实施过程。

4. 价值创造视角的商业模式创新

早期学者主要从静态的视角研究商业模式，缺少动态视角的研究成果（Clauss T et al.，2019；Wirtz B W et al.，2016；Foss N J & Saebi T，2018）。随着研究的深入，越来越多的学者以动态的视角分析商业模式的创新驱动因素和创新路径（Osiyevskyy O & Dewald J，2015）。

驱动商业模式创新的因素主要分为两类：外部驱动因素和内在驱动因素（Teece D J，2010；Martins L L et al.，2015）。外部因素驱动观点认为，为了适应外部竞争条件的改变，商业模式的价值逻辑关系会发生改变直至与外部环境达到最佳匹配状态（Osterwalder A et al.，2005；Teece D J，2010）。外部环境的宏观经济转变、监管政策调整、行业技术突破、竞争对手的战略调整、顾客需求的改变以及合作伙伴的新变化等任何一种或多种情况的出现都有可能触发商业模式价值逻辑的改变和创新（Teece D J，2010；Martins L L et al.，2015；Osiyevskyy O & Dewald J，

2018）。商业模式的调整是对外部环境变化的回应（Osterwalder A et al.，2005；Martins L L et al.，2015；Osiyevskyy O & Dewald J，2018）。商业模式变革是外部环境因素驱动下的创新，具有外部强迫性和被动性。

外部因素驱动的观点虽然可以解释商业模式在适应环境变化时的创新机制，但是无法解释没有外部环境变化时商业模式的创新活动（Martins L L et al.，2015）。内因驱动观点认为商业模式可以产生于企业由内到外的自发式创新，商业模式的变革可以是企业主动性和自愿性的创新活动。一些学者研究发现，企业内部资源能力的发展、投资者期望的改变、管理者认知的转变都有可能引发商业模式的内生性创新（Martins L L et al.，2015；Aspara J，Lamberg J A & Laukia A et al.，2011），还有一些学者对企业关键人员的认知变化开展研究，发现企业管理人员的心理模式、认知结构以及思维图式的改变对企业商业模式的创新具有积极的影响（Martins L L et al.，2015；Aspara J et al.，2011）。随着商业模式创新驱动研究的深入，一些学者开始尝试将外部因素和内在因素结合起来研究商业模式的创新驱动机制，逐渐采取内外结合的双重视角开展商业模式驱动的综合研究（Martins L L et al.，2015；Osiyevskyy O & Dewald J，2018）。

商业模式的创新路径分析。商业模式的创新源于价值要素或要素之间关系的变化（Wirtz B W et al.，2016）。企业既可以通过直接创新价值要素实现商业模式的创新，也可以通过改变不同价值要素之间的关系实现商业模式的创新（Clauss T et al.，2019；Wirtz B W et al.，2016；Teece D J，2010；Zott C et al.，

2011；Laasch O，2018），往往某一个或多个价值要素发生改变引发商业模式创新，很少出现所有价值要素同时发生改变才引发商业模式创新的情况（Clauss T et al.，2019；Wirtz B W et al.，2016；Laasch O，2018）。价值定位、价值创造、价值传递以及价值获取中的任何一个都可以成为商业模式创新的主导要素（Teece D J，2010；Martins L L et al.，2015）。当企业所处的经营环境、发展阶段不同时，主导企业商业模式创新的因素将不同，因此企业商业模式创新的路径变得异常复杂。虽然不少学者尝试探索商业模式创新的决策路径，但是至今没有形成统一的决策路径（Teece D J，2010；Martins L L et al.，2015）。

企业的商业模式和技术创新如何相互匹配才能更好地面对企业内外部因素的变化，成为学术界关注的热点。学者们的观点主要包括渐进式和突破式两种商业模式创新（Osiyevskyy O & Dewald J，2015）。企业既可以通过渐进式调整商业模式的构成要素最终实现商业模式变革，也可以通过突破式改变商业模式构成要素实现快速变革商业模式（Gerasymenko V，Clercq D D & Sapienza H J，2015）。渐进式商业模式创新主要是通过逐步累积价值要素或之间相互关系的细微变化来实现商业模式最终的实质性变化（Teece D J，2010），是企业通过不断试错，不断改良迭代，最终实现商业模式进化的过程。因此，渐进式商业模式创新相对更为稳健（Martins L L et al.，2015）。当企业面临突如其来的变故或绝境时，渐进式创新可能无法实现商业模式的成功改造（Teece D J，2010）。外部因素的突发性改变往往会诱发企业商业模式的跳跃式变化（Zhu Mingyang et al.，2017；Bourreau M，Gensollen

M & Moreau F，2012），此时突破式商业模式创新可以帮助企业快速适应环境变化。渐进式和突破式商业模式创新往往以不断交替的方式存在于企业的发展过程中，只是处于不同发展阶段的企业会有所选择地侧重其中一种商业模式创新方式。

通过上述分析可知，由于学者们的关注点不同导致已有研究成果中对商业模式概念的界定存在很大差异，但是不同的商业模式定义都强调其在企业创造价值和实现盈利方面的重要性。基于上述分析，本书对商业模式的界定采用阿米特和佐特（Amit R & Zott C，2001）的观点，认为商业模式是企业有关交易结构、交易内容和交易治理的商业逻辑设计。

商业模式的设计主题是企业根据具体经营情境确定的，主要有开拓性和完善性两种（罗兴武等，2018）。阿米特和佐特（2001）依据价值链理论、交易成本理论和熊彼特创新理论等对欧美59家电子商务企业开展了案例研究，认为企业的价值创造来源于商业模式的效率、互补、锁定或新颖。阿米特和佐特（2001）认为，商业模式体现了企业在交易结构、交易内容和交易治理方面的设计，其中交易结构指参与交易网络的成员及其相互之间的关系。交易内容包括企业与外部交易的商品或信息，以及企业为支撑交易活动开展所具有的资源和能力。交易治理是指企业对交易过程中的商品流、信息流和资金流的控制方式。阿米特和佐特（2001）、佐特和阿米特（2007，2008）的研究成果证实了商业模式概念在解释企业价值创造过程中的有效性，可以用来分析已有管理理论无法解释的很多企业实践活动。佐特和阿米特（2015）认为企业设计商业模式时需要考虑四个前提因素：企业预期的价值目标、各方利益相关者的反应、企业现有的基础条件，以及外部环境的影响。企业设计商业模式时首先要明确企业的目标市场，因为目标市场是设计商业模式的重要前提（Teece D J，2018）。

孙永磊、陈劲和宋晶（2018）对我国企业创新活动开展研究，发现当企业采取效率型商业模式时有利于企业开展渐进式、突破式、差异式和整体式创新；当企业采取新颖型商业模式时有利于企业开展突破式、差异式和交互式创新。米勒（Miller D，1996）以新颖和效率为商业模式的设计主题对企业在不确定环境下的价值创造活动开展研究，发现新颖和效率会对企业的价值创造过程产生积极影响。吕鸿江、吴亮和付正茂等（2016）通过实证研究发现，企业设计商业模式时应当考虑组织适应性，当企业战略目标单一、环境简单稳定时可以采取效率型商业模式，当企业战略目标多元、环境复杂动态变动时可以采取新颖型商业模式。克姆和米恩（Kim S K & Min S，2015）认为企业可以同时采用新颖型商业模式和效率型商业模式，并在两者之间实现合理的平衡，企业采取多个主题的商业模式可能比采用单一主题商业模式的效果要好。面对复杂变化的环境企业如何保证商业模式与外部环境相适应是一件非常困难的事情，因此不少学者从不同的视角研究商业模式的具体实施方法。科森兹等（Cosenz et al.，2018）开展商业模式仿真研究，他通过将商业模式画布与系统动力学相结合从而建立动态的商业模式仿真系统。古迪克森（Gudiksen S，2015）提出可以通过实验性的游戏开展商业模式设计。

阿米特和佐特（2007）依据米勒（1996）的研究成果，以190家欧洲和美国的初创企业为研究对象，对效率型商业模式和新颖型商业模式开展实证研究，分析了商业模式对企业绩效的影响。效率型商业模式或新颖型商业模式是企业在不确定环境中开展价值创造活动的基本选择（Miller D，1996）。高新技术服务企业所处的经营环境具有不确定性特点。因此，本书以阿米特和佐特（2007）、米勒（1996）对商业模式的研究成果为基础，同样将商业模式设计主题分为效率型商业模式和新颖型商业模式。

新颖型商业模式与效率型商业模式的区别主要体现为：新颖型商业模式以创建新事物为主要特征，而效率型商业模式以提高企业交易效率为中心（Zott C & Amit R，2007）。夏清华和娄汇阳（2018）使用系统动力学仿真方法对创新型企业与传统型企业开展了商业模式方面的比较研究，发现两者之间存在以下不同：其一，传统企业商业模式的环境动态适应性相对较低，而创新型企业商业模式的环境动态适应性相对较高；其二，市场势力对传统企业商业模式的主观刚性具有较强的正向影响，但是对创新型企业商业模式的主观刚性的影响较弱。传统企业与创新型企业商业模式的主要区别是：传统企业商业模式存在较强的内部主观认知刚性，不能很好地适应外部环境的动态变化（夏清华、娄汇阳，2018）。

（1）新颖型商业模式。

新颖型商业模式强调通过开拓新的交易伙伴或新的交易方式创造新的经济交易方式，从而为企业创造新的价值（Amit R & Zott C，2001）。新颖型商业模式帮助企业不断提高客户的购买意愿，降低交易伙伴之间的机会成本从而创造更多的价值（Amit R & Zott C，2001）。

采取新颖型商业模式的企业是交易网络的焦点企业（Amit R & Zott C，2001）。新颖型商业模式反映了企业不断探索创新的过程，给企业带来的创新优势有助于提高客户对企业产品的购买意愿，因此企业可以提高产品销售价格以获得更多的价值。新颖型商业模式通过创造新的交易方式和开拓新的交易伙伴吸引更多新交易者参与企业的交易网络，从而使焦点企业获得交易网络外部性优势，这些将有助于企业在交易过程中获得更多的经济租金。新颖型商业模式使焦点企业对交易伙伴和客户具有更强的吸引力。焦点企业通过自身的创新优势不断提高交易参与者的转换成本（Amit R & Zott C，2001），从而降低交易网络运行的不确定性。焦点企业商业模式的新颖度越高，交易参与者转换成本越高，对焦点企业的依赖性也会越高，因此新颖型商业模式有利于提高焦点企业对交易网络经济租金分配的影响力。焦点企业借助现代信息技术的高速发展不断推出新产品或服务，并且创造出新的交易方式，将更多的交易伙伴和客户吸引进入焦点企业的交易网络，这些将有助于焦点企业创造更多的价值和提高交易过程的议价能力（Osterwalder A et al.，2011）。基于上述分析，本书采纳阿米特和佐特（2001）对新颖型商业模式概念的界定，认为新颖型商业模式是企业不断创造新的交易方式或开拓新的交易伙伴从而创造新价值的企业经营方式。

（2）效率型商业模式。

除了技术创新可以帮助企业创造利润之外，提高企业运营流程各个环节的效率也可以创造更多的价值（Zott C，2003）。效率型商业模式反映了企业以提高交易效率、降低交易成本为特点的运营方式。周菊和陈欣（2019）认为交易过程中存在信息的复杂性和不对称性导致企业需要努力寻找以低成本获取最大收益的方式。交易参与者之间存在的信息不均衡导致交易参与者很难获得较高的经济效益。米尔格罗姆和罗伯茨（Milgrom P & Roberts J，1995）通过实证研究发现，交易成本以交易驱动成本和协调成本的方式影响企业的经济效益。

效率型商业模式可以使交易过程中信息传递速度加快和透明度增加，将提高整个交易的便捷性（Amit R & Zott C，2001）。便捷的交易流程可以降低交易过程的出错率，加快交易完成速度，如此可以降低整个交易网络参与者间的协调成本和搜索成本（Lucking Reiley D & Spulber D F，2001）。企业采用效率型商业模式有利于降低交易成本从而吸引更多的交易伙伴加入。随着交易成本的降低老客户还将增加交易的频率，交易频率的增加将提高交易过程中信息的透明度。这样可以减弱新交易伙伴因为信息不对称所处的不利地位，从而增加新伙伴参与交易的积极性。交易信息的透明可以减少交易各方的投机行为，降低交易风险。这样还可以提高交易各方尤其是焦点企业的议价能力，所以效率型商业模式可以使交易信息流动更为顺畅，交易过程变得更为可靠和便捷。因此，企业管理者在开展管理决策时将获得更为充分的信息，经营决策的制定会变得更为迅速和合理。基于上述分析，本书采纳阿米特和佐特（2001）有关效率型商业模式的观点，认为效率型商业模式是企业通过降低交易过程的成本和提高交易有效性帮助企业获取更多经济价值的经营方式。

二、技术创新

技术创新是企业创新发展的重要影响因素。技术创新不但受到了企业管理人员的高度重视，而且也一直是学者们的关注热点（Juan A Martínez – Romána，Juan A Tamayo & Javier Gamero，2017）。随着市场的全球化发展企业面临的竞争越来越激烈，创新成为越来越多企业战略发展的重要组成部分（Marco Di Cintio，Sucharita Ghosh，Emanuele Grassi，2017）。雷佳欢、刘颖和齐耀元等（Lei Jiahuan，Liu Ying & Qi Yaoyuan et al.，2019）对我国改革开放 40 多年来技术创新的过程进行了研究和总结，对我国不同阶段技术创新的特点开展了分析，认为我国技术创新的经验可以给其他发展中地区提供借鉴。本部分将通过梳理已有技术创新研究成果整理出技术创新理论的发展历程，并重点对自主研发与购买引进两种技术创新方式的内涵和外延加以界定。

1. 技术创新的概念

约瑟夫 · 熊彼特（2017）在其著作《经济发展理论》中从经济学视角分析了创新概念，提出创新既是打破经济发展轨迹的破坏力量，也是帮助经济恢复均衡发展的重要力量。创新不只是科学技术概念，更是一个经济概念。约瑟夫 · 熊彼特的观点获得了学术界的广泛认同。曼斯菲尔德和埃德温（Mansfield & Edwin，1971）、厄特巴克（Utterback J M，1994）认为创新不仅包括科学技术的发明创造，还包括技术创新成果的市场转化。

根据《中共中央、国务院加强技术创新、发展高科技、实现产业化的决定》文件内容，技术创新是指企业应用新的知识、技术或工艺，开展新的生产方式和经营模式，从而向市场提供新产品或服务，并不断提高产品质量的过程。徐英吉（2008）将创新描述为从企业产生创新想法到创造出新产品满足消费者需求，从而获取经济价值的整个过程。汪冰（2013）提出技术创新是企业不断创造新知识或技术，从而使用新工艺、新方法提供新产品或新服务的过程。周琳（2015）提出技术创新包含了基础科学研究、应用科学研究，以及将创新成果应用到产品或工艺改造的过程。杨迎昕（2002）对技术创新的特点开展研究，发现技术创新具有不确定性、高风险性和高收益性并存的特点，在动态的竞争环境中，企业的技术创新能力和创新流程可能出现不适应情况。技术创新的动态能力成为企业实现稳定增长的重要条件（董平、周小春，2018）。科雷亚和奥尔纳基（Correa J A & Ornaghi C，2014）通过对美国制造企业开展研究，发现处于市场竞争激烈环境的企业具有更好的技术创新效果，并且技术进步速度更快。技术创新的过程具有路径依赖性和技术累积的特点，而且该过程具有协作化和一体化的特征。根据上述分析，本书将技术创新界定为创新主体开展新知识或新技术研究，并将创新成果应用于制造新产品或改造产品生产过程，从而帮助企业获取更高价值的过程。

沃格勒和卡西曼（Veugelers R & Cassiman，1999）依据创新信息来源将技术创新分为自主研发和购买引进两种方式。很多学者对自主研发和购买引进开展研究，发现两者之间存在着复杂的替代关系、不相关性等关系（肖利平、谢丹阳，2016；汤萱，2016）。购买引进和自主研发相互交织成为推动发展中地区企业技术进步的重要因素（吴利学、曾昭睿，2020）。沃格勒和卡西曼（1999）认为从创新信息来源界定企业技术创新方式时可以采用三个步骤：一是分析企业是否具有创新行为，二是分析支撑企业创新的信息来源是企业内部还是外部，三是根据企业创新信息来源确定企业的创新方式。

2. 自主研发

吴晓波和李思涵（2020）提出自主研发分为原始创新和集成创新。原始创新是企业内部独立开发新技术并投入产品生产的过程，是企业技术进步的重要途径。技术进步是推动社会经济长期发展的重要因素。社会知识产权交易强度低时自主研发对经济增长的促进作用明显（杨丽君，2020）。从长期角度分析，自主研发对社会产业结构的升级与合理化具有正向影响作用（范德成、方璘和宋志龙，2020）。根据内生经济增长模型，社会技术的进步来源于社会人力资源的积累和技术研发的持续投入。学者们发现全球经济虽然经过了多年的社会发展和进步，发展中地区与发达地区相比人均收入差距却没有出现减少的迹象（Aghion P & Howitt P，1992）。虽然发展中地区企业可以利用已有技术缩短与发达地区企业的技术差距，但是当技术发展到一定阶段时自主研发创新就变得更为重要（黄贤凤、李雷，2020）。技术环境、政府政策、创新主体类型都会对原始创新产生影响。研发投入是对原始创新最重要的影响因素，可以显著提升企业的技术创新能力（Lee K H & Min B，2015）。企业可以通过自主研发跨越以往的技术路径，实现更高的技术创新和进步。周寄中、张黎和汤超颖（2005）认为自主研发包含原始创新、集成创新和吸收引进三种方式。张炜和杨选良（2006）认为自主研发是创新主体通过自身努力创造出不同于已有事物的新成果，认为自主研发包括继承创新和吸收引进的二次创新。自主研发可以增强企业内部知识的积累，新知识的内部共享可以促进企业创新活动的发展（McKelvie A，Wiklund J & Brattstrm A，2018）。

自主研发水平将影响企业的产出效率。已有研究成果主要从人力资源投入、资本投入等方面开展研发投入对自主研发影响的探索。黄烨菁（2008）研究发现，本地企业的自主研发和跨国企业的本地导向研发共同推动我国技术的进步。吴延兵（2006）对工业企业研发投入开展研究，发现人力资源投入比资本投入对技术创新的贡献值更大。因此，企业在开展自主研发的过程中需要重视人力资源的投入。赵心刚、汪克夷和孙海洋（2012）对上市的工业企业开展研究，发现上市企业的研发投入存在累积效应，对企业经营绩效具有正向促进作用。企业拥有的专利授权数量显著地正向影响企业成长（田雪姣、鲍新中和杨大飞，2020）。企业拥有的专利授权数量越多，其创新质量越高（Fischer T & Leidinger J，2014）。丘海斌（2016）研究发现资本投入对研发投入的作用具有很大的弹性，但是企业生产规模对生产效率的影响不明显。林涛和陈昭（2018）研究发现，各种类型的创新主体中企业的研发效率普遍较高，因此政府在配置研发投入资源时应该向企业倾斜。很多学者对发展中地区企业开展研究，提出发展中地区企业可以通过自主研发开展前沿技术创新，以此实现对发达地区企业的技术赶超（贾根良，2018；彭伟辉，2019）。根据上述文献分析，本书将自主研发界定为企业通过研发投入自主开展技术研发的技术创新方式，包括完全自有技术创新和与其他主体的共同研发创新。

3. 购买引进

从发达地区引进创新资源、新技术和知识是发展中地区企业实现快速发展的重要方式（Thite M，Wilkinsonb A & Budhwar P et al.，2016）。发展中地区与发达地区的先进技术差距越大，购买引进的成本就会越低，此时企业全要素的生产率提高就会越快（邹文卿、王一茹，2020）。购买引进对社会经济发展的促进作用很大（杨丽君，2020）。发展中地区企业具有技术创新的后发优势，与自主研发相比购买引进可以帮助发展中地区企业以更低的成本实现技术快速进步。很多学者以国家发展战略视角研究发展中地区企业购买引进的创新活动（Acemoglu D & Zilibotti F，2001）。发展中地区企业采用后发优势战略，从发达地区以较低的成本引进成熟技术，以此帮助发展中地区企业快速缩小与发达地区的技术差距。购买引进是发展中地区经济增长的重要推动力量（庞士恒、刘宇，2018）。很多学者认为购买引进可以帮助发展中地区调整产业的技术结构，从而缩小与发达地区的差距（周晓波和陈璋，2019）。购买引进有两种具体的方式，一种是直接购买先进技术和专利；另一种是通过购买先进设备获取先进技术。伊顿和图姆（Eaton J & Kortum S，1995）对经济合作与发展组织内的成员国开展研究，发现有一半以上国家经济增长的动力来源于美国、德国或日本的专利授权。也有学者从投资生产设备视角研究购买引进对技术进步的影响，发现投资生产设备有利于发展中地区的经济增长（Delong J B & Summers L H，1991；Lee J W，1995），但是也有学者认为因为受到企业原有学习能力和知识积累的影响，购买引进对技术进步的促进作用很有限，只有具备一定的技术知识积累和学习能力的企业才能通过购买引进快速提升企业的技术水平。当企业对外部技术资源获取到一定限度时，继续过于依赖外部技术会使企业创新绩效下降（Greco M，Grimaldi M & Cricelli L，2015）。国际化对企业创新存在"U"型影响（Hsu C，Lien Y & Chen H，2015）。企业嵌入社会研发网络的程度会影响企业外部技术资源获取和创新能力的形成（Guan J C & Liu N，2016），企业学习能力的强弱会直接影响购买引进的效果。艾洛、卡尔达莫内和曼纳里诺等人（Aiello F，Cardamone P，Mannarino L et al.，2020）对意大利企业开展实证研究，发现家族企业能更好地利用购买引进促进企业创新绩效的提升。

不同的产业结构背景下，购买引进对企业创新活动具有复杂的影响机制（张杰、陈志远和吴书凤等，2020）。多数学者认为从模仿创新到自主创新是发展中地区企业技术进步的必经过程（林毅夫、张鹏飞，2005；郭熙保、文礼朋，2008）。发展中地区企业利用后发优势购买引进先进技术可以快速提升技术创新能力，所以企业不能忽视技术模仿对技术创新的作用。有学者通过研究发现，发展中地区企业借助技术溢出效应购买先进技术对企业创新发展具有正向促进作用（Gallié E & Roux P，2010；陈宇、卫平，2008）。孙文杰和沈坤荣（2007）研究发现，购买引进方式在不同行业对技术创新的作用存在差异，购买引进方式对高新技术企业的技术创新作用非常有限，但是对低技术行业企业的技术创新作用却比较明显。只有当企业的人力资源积累到一定程度后，购买引进才能正向促进技术进步，所以企业要加强对人力资源的投入。发展中地区企业积累的先进技术知识相对较少，需要从外部获取所需的技术知识，只有这样才能丰富其技术知识的异质性（Rajalo S & Vadi M，2017）。企业可以通过“learning-by-hiring”快速提升创新绩效（Kaiser U，Kongsted H C & Laursen K et al.，2018）。根据上述分析，本书定义购买引进是企业通过购买方式从外部获取新技术，包括购买其他企业的技术专利，购买其他企业的生产设备，获取其他企业的技术许可授权，以及招聘其他企业的核心技术人员。

三、技术体制

技术体制能够描绘行业的技术环境，是企业技术创新的重要情境之一，影响企业技术创新的效果。本书通过梳理已有的技术体制相关研究成果，厘清技术体制的发展脉络，讨论技术体制的相关维度，并更进一步分析技术体制与技术创新之间的联系。

技术体制最早由纳尔逊和温特（Nelson R R & Winter S G，1982）引入理论界，用来分析和解释不同行业的多样化创新过程，是指经济领域的每个产业部门开展创新和学习活动所处的技术环境，与企业的技术以及技术人员的认知有关。纳尔逊和温特将技术分为基于科学的技术和基于累积性的技术，分别对应两种体制：创新体制和惯例体制。创新体制有着广泛的、普遍的知识基础，更青睐于通过新进入者带来创新，对新进入者的创新活动有利；惯例体制的技术来源非常狭窄，且标志性很强，对现有企业的创新有利，对产业的新进入者几乎没有任何机会。多斯、马赛和奥尔塞尼戈等人（Dosi G，Marsili O，Orsenigo L et al.，1995）提出了技术轨道和技术范式的概念，并进一步发展了技术体制理论，认为技术范式是一幅全景图，是一系列过程、相关问题的定义以及问题解决方案的具体知识集合。技术轨道是基于某个技术范式解决技术问题的通行模型和模式。熊彼特Ⅰ型创新和熊彼特Ⅱ型创新具有类似于创新体制和惯例体制的特征（Dosi G et al.，1995）。俞培利等（Peili Yu et al.，2020）划分技术体制的构成维度使技术体制变得更加具体，认为技术体制的构成维度包括企业学习过程的特性、知识来源体系、科技知识的自然性。

马勒巴和奥尔塞尼戈（Malerba F & Orsenigo L，1990，1993）进一步完善了技术体制理论，认为技术体制由技术机会、创新独占性、技术进展的累积性和知识基属等关键因素组成，描绘了企业经营的技术环境。金田和英黛（Jin Tian & Ying Dai，2020）以协调控制视角对社会技术系统的弹性开展研究，探索组织如何使系统状态与协调控制原则保持一致，从而提高系统适应动态和不确定工作环境的能力。布雷斯基等（Breschi S et al.，2000）继续扩展了技术体制概念，认为技术体制有 4 个基本构成要素——技术机会、技术独占、技术累积和知识基属，并将熊彼特创新模式与技术体制的 4 个基本要素结合起来，认为技术体制可以解释行业创新活动。技术体制的诸多维度，如技术机会、技术独占等被认为是影响发展中地区技术创新的重要因素（Hu M C，Phillips F Y & Wu C Y et al.，2015）。不同产业领域的创新方式存在显著的差异，技术体制对产业获取技术进步和竞争优势有重要影响（Lee K，Gao X & Li X，2017）。马荣康和刘凤朝（2019）对1987～2015年IPC大类层面的发明专利数据进行研究后发现，发达地区创新独占性较低，但是发展中地区由于初始知识存量较低出现新技术正向流动的可能性较高。因此，本书根据已有研究文献采纳马勒巴和奥尔塞尼戈（1993）对技术体制的定义，认为技术体制是由技术机会、技术独占、技术累积和知识基属等关键因素组成的特定组合，描绘了企业经营的技术环境。

1. 技术机会

纳尔逊和温特（1982）认为不同行业之间技术发展速率、要素的生产率，以及经济增长速率的差异可以使用技术机会这个概念进行解释。学者们基于技术创新和经济学研究发现，技术机会可以分为两种：内涵型技术机会和外延型技术机会。技术机会反映了某个特定行业企业开展技术创新的难度，以及企业投资研发能否实现预期成果的可能性（Olsson O，2005）。依据经济学理论，技术机会对技术创新的收益具有正向促进作用，影响新技术应用于生产带来的经济收益大小。处于高技术机会环境的发展中地区企业更可能通过自身研发努力来获得技术进步从而取得竞争优势（Leten B，Belderbos R & Looy B V，2016；Giachetti C & Marchi G，2017），每一项研发投资都可能实现预期创新成果。技术机会来源的差异会导致行业间创新活动的分布差异（孙瑜康、李国平和席强敏，2019）。技术机会是引起行业间研发活动差异的重要因素，不同行业因为技术机会的不同，往往会导致创新效果出现明显差异，因为技术机会会直接对企业的研发活动产生影响。布雷斯基等（2000）认为，当企业所处的环境具有较高的技术机会时会积极推动企业的创新活动。不同行业之间，技术机会存在明显差异，某些行业由于具有较高的技术机会，使得企业可以相对容易就获得先进技术，产业活动在特定领域能走得多远和多快取决于技术机会，而且产业的前沿技术和较高的技术机会是企业保持竞争优势的重要因素（Lee J，Kim C & Shin J，2017）。交易和生产的特征决定了学习机会主要出现于活动的前期。

技术机会常作为研究基础科学多样性或新科学突破进展的延迟函数。技术机会不只是来源于企业外部的产业环境，当企业积极参与基础科学研究时，企业内部的创新活动也可以为企业带来技术机会。企业对技术机会的辨识常常受到自身组织结构的影响，如果企业的组织结构有助于企业参与大学、科研机构的基础科学研究，将有助于企业获得更多的技术机会。很多时候基础科学研究的发展速度和方向会直接影响企业的研发决策。当企业发现基础科学研究具有重大突破时往往更愿意参与其中，并加大研发投入，因此企业所处环境具有的技术机会深度和广度会直接影响企业对研发活动的决策。

很多学者对技术机会开展了探索性研究。快速准确地发现技术机会从而降低企业研发投资风险对企业非常重要（Lee C，Kang B & Shin J，2015；Yoon B & Magee C L，2018）。企业需要分析和寻找到组织内外部各种具有潜在价值的技术机会（Cho C et al. , 2016）。张金珠和于文倩（Zhang Jinzhu & Yu Wenqian, 2020）探索使用类比设计和短语语义表示的方法识别技术机会。吴菲菲、米兰和黄鲁成（2018）提出了由技术活跃度、技术难易度和需求满足度组成的技术机会三维评价模型。利用论文和专利的多源数据分析技术机会的方法获得了学者们的广泛关注（Breschi S & Catalini C, 2010; Ena O, Mikova N & Saritas O et al. , 2016）。帕克和尤恩（Park I & Yoon B, 2018）提出可以根据技术知识流动强度和方向变动识别潜在的技术机会。塞奥、尤恩和帕克等人（Seo W, Yoon J, Park H et al. , 2016）提出了基于企业现有技术能力分析产品技术机会的方法。张振刚和罗泰晔（2020）通过对 8184 个专利开展研究，提出了基于知识组合理论发现技术机会的新方法。崔载元、郑炳基和尹章赫（Choi J, Jeong B, Yoon J, 2019）提出企业可以通过分析同领域内领先企业的技术动态变化情况来制定未来研发投资规划。已有技术机会识别方法主要以专家定性判断为主，虽然有一些学者尝试构建指标开展定量评估，但是存在系统性不足的情况（Lee C & Lee G, 2019）。因此，本书采纳布雷斯基等（2000）关于技术机会的研究成果，认为技术机会反映了每次研发投入产生预期创新成果的可能性。

2. 技术独占

不同学者对技术独占有着不同的理解。马勒巴和奥尔塞尼戈（1993）认为技术独占反映了企业防止自身创新成果被模仿，并防止其他企业从模仿创新活动中赚取利润。技术独占反映了企业保护创新成果的可能性。创新成果的技术独占越强，越能防止他人模仿，企业也将获得更多的利润（李苗苗，2019）。周馨怡（2016）认为大多数公司无法独享所有的创新成果，因此很多新技术被其他公司免费使用，并实证研究发现，企业对创新成果的保护会使自身更加难以掌握技术知识的发展趋势。蒂斯（Teece D J，1986）指出技术独占体现了拥有先进技术的企业在维护技术优势方面所付出的努力。企业一般可以依靠专利、商标、技术和商业保密制度保护自身的先进技术。拉斐尔·帕奇和安东尼奥·萨苏（Raffaele Paci，Antonio Sassu，1997）认为企业从创新中是否能够获得相应回报跟技术独占的强弱相关。阳银娟、郭爱芳和张宏（2020）认为技术独占是影响后发企业获取新技术的重要因素。技术独占是否有效取决于企业先进技术本身的特性和所在地区在技术保护方面法治活动的有效性。

熊彼特认为面对竞争的市场，企业开展创新活动时面临的战略问题是如何设计难以被模仿的创新流程，并以此维持企业对有价值商品的独占。技术独占的强弱取决于新技术模仿的难易程度和知识产权保护机制的有效性，如果新技术很难被模仿，而且知识产权体系能提供有效的法律保障，技术独占就会很强。企业对新技术的缄默和编码程度会直接影响新技术被其他企业模仿的程度。新技术的相关知识经过编码之后更容易被传播和接受，也意味着更容易被模仿和窃取。保持缄默状态的新技术知识相对而言不容易被窃取，因为缄默知识往往以难以表达的形式存在于企业内部。不同行业之间技术独占的难易程度不同，就是在企业不同发展阶段也会表现出很大的差异。

当外部环境处于高技术独占性时，有助于企业积极开展技术的自主创新，因为高技术独占环境可以有效防止新技术的泄漏，从而减少了企业新技术溢出的风险。企业外部性的宽度和独占性工具的选择之间存在正向关系（Ann - Kristin Zobel，Boris Lokshin & John Hagedoorn，2017）。现实生活中专利对技术的保护并没有理论上那么有效，很多时候企业可以通过适当的代价绕过专利对技术的保护，而且通过法律维护专利权益的成本特别高。帕克和科伊恩（2006）认为可以使用专利数量和专利引用数的比值度量技术独占。考克·伯恩和兹维·格里利切斯（Iain Cockburn & Zvi Griliches，1988）认为行业层面的专利是度量技术独占的有效指标。技术独占对创新活动会产生保护作用和激励作用。技术独占的保护作用表现为高技术独占环境可以有效防止其他企业通过行业的技术进步获取技术红利。技术独占的激励作用表现为高技术环境有助于促进企业增加对研发的投入，从而帮助企业通过技术进步获取更多的额外利润（Kim J & Lee C Y，2016；Henttonen K，Hurmelinna - Laukkanen P & Ritala P，2016）。本书根据已有研究文献采纳马勒巴和奥尔塞尼戈（1993）对技术独占的定义，认为技术独占反映了企业防止创新成果被其他企业模仿以及其他企业从模仿活动中攫取利益的可能性。

3. 技术累积

技术累积反映了今天的技术创新对过去技术基础的依赖性，而且今天的技术创新为将来的技术创新打下基础。新的技术进展都是基于已有的某项技术，或者通过在相关领域运用其他技术来创造新技术。技术累积体现在三个层面：组织层面、市场层面、技术层面。高技术累积环境反映的是企业能够进行持续创新并获得成长性收益的经济环境（Breschi S et al. ，2000）。技术累积越高发展中地区企业在技术创新方面越难与发达地区企业进行正面竞争。

约瑟夫·熊彼特（2017）最早提倡企业要具有持续开展技术创新的思想，他认为创新就是将新的生产要素或生产条件引入企业的生产体系，从而产生新事物的一种生产函数关系。技术累积是通过企业内部不断创新累积而来，可以帮助企业获得技术上的垄断，从而获得超额利润。如果企业在技术创新方面不能持续投入，所取得的垄断地位很快就会被其他企业打破，从而丧失超额利润来源，但是如果企业继续开展技术创新，新的机会又会再次出现。

向刚（1998）指出，企业保持长时间对技术创新进行持续投入，可以帮助企业持续提高经济效益。夏保华（2001）认为，当行业技术进步和市场需求不断变化时会刺激企业开展持续的技术创新活动。战术技术创新和战略技术创新共同构成了企业持续技术创新的循环过程。持续性技术创新对企业后续的技术创新活动会产生正向的促进作用。企业后续技术创新的活跃程度可以反映企业技术创新持续性的强弱程度。持续创新包括不间断性的技术创新和非持续技术创新。发展中地区高新技术服务企业往往通过非持续技术创新获得市场竞争优势。柳卸林（2000）认为，来自知识、程序、技术的改变导致了消费者需求的变化，同时也创造出了很多新的市场机会。计算机、互联网和移动通信的快速发展为企业的技术累积创造了新的机会和技术手段。新技术的快速迭代和市场的不断变化，导致企业的技术累积变得更为动态和复杂。因此，新时代的企业技术创新常常出现跨越式发展。

非持续的技术创新活动有时候会产生创造性的破坏性创新效果，有助于企业创造出与原有产业技术截然不同的技术发展方向。虽然技术创新有时候会受到来自传统势力的阻碍和抵制，但是技术创新带来的全新产品往往能够帮助企业获取新的市场机会和超额利润。创新不仅是对现有产品的技术或功能的改进，还可能是创造一个新产业或新市场。非持续技术创新通过对现有技术的突破实现技术跨越式发展，获得的成果将是一个崭新的领域或产业，但是企业必须认识到无论创新成果具有多大的跨越性，技术创新的过程都需要运用已经存在的知识和技术。约瑟夫·熊彼特（2017）指出，非持续创新或跨越式创新也是经过不断创新积累后，由量变到质变的过程，往往是技术不断积累的过程，借助环境或企业自身的新机遇实现技术的跨越式发展（赵心刚等，2012）。

创新累积不是创新活动的简单重复，而表现为创新目标的延续性和导向性，因此创新累积的不是过程，而是保持持续性的创新动力和机制（李健英、高燕，2015）。创新累积不是创新成果在时间上的永久性，而是创新过程形成的创新能力将成为企业的核心竞争力。创新累积表现的不是单个产品的延续，而是企业整体技术方面的持续领先。当整个环境呈现创新累积特性时，将不只是单个企业技术的创新进步，而是整个产业集群，甚至是整个社会经济的共同发展进步。

无论持续创新还是非持续创新，都是在创新机制和动力作用下资源和知识不断累积的结果。因此，本书根据已有研究文献采纳马勒巴和奥尔塞尼戈（1993）对技术累积的定义，认为技术累积反映了企业不断对已有技术开展深化改进最终实现技术跨越式发展的过程。

4. 知识基属

知识基属反映了企业技术创新过程所处技术环境的知识特点。企业外部环境的技术知识主要包括两类：基础性科学知识和应用性科学知识。基础性科学知识是揭示现象本质或事物发展原理的科学知识（Zhang Y，Chen K H & Zhu G L et al.，2016）。基础性科学知识主要产生于大学、政府或企业的研究机构。应用性科学知识都是以实际应用为目的，指导新产品或新工艺开发的科学知识（赵胜超、曾德明和罗侦，2020）。基础性科学知识和应用性科学知识都是企业创新的基础，是社会科学知识的源头（柳卸林、何郁冰，2011）。布雷斯基等（2000）研究发现基础性科学知识与企业需要深入研究的创新活动密切相关，而应用性科学知识与破坏性的创新活动相关。布雷斯基等认为，通用性和专用性是知识的基础特性。通用知识涉及的知识范畴相对更为宽泛，而且具有溢出效应，有助于促进新知识的产生。创新者不仅会创造出很多通用性知识，还通过创造更多的专用知识而产生大量的新产品或新工艺。专用知识主要是某个专业领域的应用性知识。基础性科学知识不仅有助于通用知识的产生，而且是应用性科学知识研究的重要基础和平台。基础性科学知识与开拓性创新模式密切相关，能够引发技术的突破性创新，可以推进核心领域的实验和理论研究，从而带动关联技术的突破（Arora A，Belenzon S & Patacconi A，2018）。基础性科学知识侧重开展长远的技术研发布局，应用性科学知识更加关注和解决实践过程的各种技术问题和困难。应用性科学知识与持续累积的创新模式有关，以实现特定的技术路径为目的（Najib Harabi，2002），因为应用性科学知识能够更为直接地为企业创造利润，因此企业在开展技术创新研究时更倾向于应用性知识。企业并不关心研究成果是否推动了技术本身的发展，而且基础性科学知识与应用性科学知识对企业创新绩效都会产生正向影响（曾德明、赵胜超和叶江峰等，2020）。本书采纳布雷斯基等（2000）对知识基属的观点，认为知识基属反映了企业开展技术创新活动时所处环境的知识特点。

四、创新绩效

生产要素和创新都可以驱动企业发展。创新不仅可以给企业带来持续的利润增长，还是企业保持市场竞争优势的重要因素。产业技术的不断创新，既给发展中地区企业带来机遇，也带来巨大挑战，一方面，技术的快速进步给发展中地区企业带来巨大压力；另一方面，发展中地区企业可以利用后发优势快速缩短与发达地区企业的技术差距。创新往往是多个不同的主体共同参与、相互作用的过程（Doloreux D，2004），因为客户的需求具有多元化和快速变化的特点，所以企业必须不断创新才能满足客户需求（Wu J，2013）。虽然创新过程充满各种风险和不确定性，但是创新仍然是众多企业的必然选择。很多学者通过对成功企业开展研究发现，企业成功实施创新战略有助于提高市场占有率和利润率（Han J K，Kim N & Srivastava R K，1998）。

范德文（Vande A H V D，1986）认为创新是在一定制度规范内发展和应用人们在交易过程产生的新思想。不同学者从不同角度研究创新绩效，分别将创新绩效与新工艺、新产品、新服务、新技术结合开展研究（Gkypali A et al.，2017）。创新可以是新的思想、对旧思想的整合、挑战旧秩序的新方案、新主体的加入，或者新规则的建立等（Tae young Shin，2003）。弗里曼和泽特（Freeman C，Soete L，1997）认为发明是在科技范畴内对技术开展优化重构的过程，而且创新往往离不开科技元素。约瑟夫·熊彼特（2017）认为，企业创新本质就是对现有生产要素的重新组合，该过程可能采用新的原材料和新的技术生产新的产品、进入新的市场，并构建出新的生产运营方式。

创新既可能是新技术推动的结果，也可能是市场需求引导的结果。20 世纪 50 年代学者普遍认为创新是一个近似线性的过程，企业首先开展创新研发产生新技术，继而将新技术应用到生产过程，创造出新产品推向市场，最终实现新技术的市场转化（Rothwell R，1992），此观点认为创新的源头是技术进步。也有学者认为创新开始于市场，企业通过调查了解消费者需求之后确定技术创新的方向，并以此生产出符合消费者需求的新产品。第一种观点是技术推动创新，第二种观点是市场拉动创新。后来学者们发现这两种观点都过于简单。王建、胡珑瑛和马涛（2015）提出了技术和市场的平衡模型，认为市场需求会引导企业的技术创新，而技术创新又能帮助企业满足市场需求，两者相互作用和影响，两者的动态平衡带来企业的创新成功。

企业的创新绩效是指企业通过创新获得的正向成果（Veugelers R & Cassiman B，1999），是企业创新效果的衡量指标。客户购买产品的行为不只受到价格的影响，还受到产品质量、服务品质、外形设计和产品功能等因素的影响。面对客户日益变化的需求和激烈的市场竞争，不断开拓创新成为企业获取市场竞争优势的重要因素。企业内部的管理过程对创新绩效具有正向影响作用（赵静杰等，2020）。创新不一定能够给企业带来收益，因为只有被市场接受的创新才是成功的创新。如何保证创新成功是企业重点关注的问题，因为只有成功的创新活动才能给企业带来超额的利润（McEvily S K & Chakravarthy B，2002）。依据上述分析，本书采纳沃格勒和卡西曼（1999）对创新绩效的定义，认为创新绩效反映了企业创新活动的正向成果，是衡量企业创新活动效果的重要指标。

五、高新技术服务企业

高新技术企业是社会中开展技术创新的重要主体，这类企业具有知识密集、资金密集、人才密集的特点。学者们对高新技术企业的研究主要关注企业的核心能力、持续创新能力、创新网络、产品创新等方面（陈仲伯，2003；姜艳萍，2008；党跃臣、张园，2009）。也有不少学者关注成长型高新技术企业的产品创新、产品开发和产品管理。塞林（Therin F，2010）对110家成长型高新技术企业的创新、组织学习和企业绩效之间的关系开展研究，发现高新技术企业往往以技术研发为发展战略，在技术的创新和管理方面具有高度的灵活性（Duan Y，Wang W & Zhou W，2020）。高新技术企业采取不同的技术创新方式时创新效率不同（刘永松、王婉楠和于东平，2020）。

徐丽丽（Hsu L L，2006）通过对中国台湾地区的高新技术企业开展研究，发现企业之间紧密的强联系有利于产业技术转移和深度互动。舒金云和吴华等（Shu J Y，Wu H et al.，2009）通过对我国 132 家高新技术企业的研究发现，影响企业研发投资的主要因素有企业的创新水平、公司规模和财务能力。

家族高新技术企业研发的投入产出率要优于非家族高新技术企业（Xiang D，Chen J K & Tripe D et al.，2019）。李超和汪小菲（Li C，Wang X F，2009）使用 4 个指标测量高新技术企业的绩效，分别是企业的市场效率、人力资源状况、社会动机和技术独占程度。迈克尔和斯卡杜拉（Makri M & Scandura A T，2010）认为企业高层管理人员是影响高新技术企业绩效的重要因素。高新技术企业的绩效受到多方面因素的影响，包括企业的创新能力、成本控制能力、获利能力、发展能力、抗风险能力、政府的支持力度等（霍江林，2020）。培育高素质科研人才、增强企业自身创新能力是促进高新技术企业发展的重要措施（王增栩，2019）。技术和产业创新是高新技术企业的核心竞争力（韩啸，2019）。卡尤姆和凯瑟琳（Qaiyum S & Wang C L，2018）通过对 260 家印度高新技术企业开展研究，发现在企业早期和衰退阶段一般能力比动态能力更有助于高新技术企业绩效的提升。大数据时代高新技术企业发展既有机遇也有挑战（Lin R H，Xie Z Y & Hao Y H et al.，2020）。考林等（Cowling M et al.，2018）研究发现高新技术企业比传统企业具有更高的经营风险。

高新技术企业是社会技术不断创新和完善的成果。因为各个国家的技术发展水平不同，因此不同国家对高新技术企业的界定存在很大差异。美国主要采用研发投资占企业总产出的比例，以及研发人员占企业总员工的比例判定企业是否属于高新技术企业。日本主要从企业对所在产业的影响程度，以及企业自身的资源消耗情况、新产品的市场规模、技术密集程度、技术创新速度等方面界定高新技术企业。经济合作与发展组织主要使用研发投入强度界定高新技术企业（姚明明，2014）。2016 年我国修订后的《高新技术企业认定管理办法》明确了高新技术企业的界定标准。本书依据上述分析，采纳我国科学技术部对高新技术企业的定义，认为高新技术企业是能够在自身经营领域持续开展科学研究和技术创新成果商业化，并据此形成自主知识产权和核心竞争力的企业。

1. 高新技术服务企业的概念

信息通信技术的发展和现代产业的分工推动着高新技术服务业不断发展，而且高新技术服务业已经成为经济的重要增长点（康锐，2012）。高新技术服务业虽然受到各方面的重视，但是其概念内涵还没有形成统一的共识。

曾智泽（2007）认为高新技术服务业是依靠高新技术、高研发投入、高专利申请和高知识人才从制造业价值链延伸出来的新型高端服务业态。王仰东、杨跃承和赵志强（2007）认为高新技术服务业是指能够不断完善商业模式，坚持技术创新，从而向市场提供高增值服务的知识密集型新业态。石庆焱和赵玉川

(2010) 认为高新技术服务业是使用信息技术为社会发展提供高附加值服务的新兴服务业。姚正海和倪杰 (2012) 认为高新技术服务业是依托高研发投入和高专业申请的基础，并借助良好的商业模式为社会提供专业化高附加值服务的新业态。刘玲君 (2016) 认为高新技术服务业是指将服务业和高新技术产业高度融合发展出来的知识密集型新产业，具有技术创新的优势，为经济增长做出了巨大贡献 (Fan Xiaonan & Lü Jiaqi，2017)。2018年2月我国政府公布了《高新技术服务业服务质量评价指南》(GB/T 35966 - 2018)，高新技术服务业是所有采用先进技术为社会提供服务活动的组织集合。根据上述论述，笔者认为，高新技术服务业是将高技术与服务相互融合，向社会提供高附加值服务的新型服务业。通过梳理现有研究文献发现，高新技术服务企业具有专业性、创新性、高渗透性、高技术性和高增值性的特点 (石庆焱、赵玉川，2010；李勇坚、夏杰长，2011；康锐，2012；刘玲君，2016；王仰东等，2007)，这些特点成为高新技术服务企业区别于其他企业的重要特点。

(1) 高新技术服务企业具有专业性。高新技术服务企业向市场提供的服务具有高度的专业性 (刘玲君，2016)。高新技术服务企业的专业性使企业的服务具有更强的独特性，从而获得更强的市场竞争力。高新技术服务企业主要集中于产业链的高端环节，为特定客户提供高度专业化的服务 (王仰东等，2007)。专业性使高新技术服务企业的服务具有个性、深度、高质量和高水平的特点，这些特征进一步使高新技术服务企业的服务具有更高的附加价值 (石庆焱、赵玉川，2010)。

（2）高新技术服务企业具有创新性。创新性是高新技术服务企业的重要特征（王仰东等，2007）。科学技术不断发展为企业的服务活动提供多方位的强大技术支持。技术创新改变了企业原有的生产工艺，进而改变了企业的产品和服务。技术创新使企业的服务具有更强的异质性，从而满足客户的个性化需求（康锐，2012）。创新成为高新技术服务企业保持差异性、独特性和不可替代性的关键（王仰东等，2007）。

（3）高新技术服务企业具有高渗透性。高新技术的高渗透性赋予了高新技术服务企业高渗透性（王仰东等，2007），而高渗透性使高新技术服务业的产业链获得不断延伸，并帮助企业拓展市场空间（刘玲君，2016），促进高新技术服务业不断进行产业结构调整和产业升级（王仰东等，2007）。高新技术服务企业之间的相互渗透促使企业具有更强的生命力。

（4）高新技术服务企业具有高技术性。高新技术是高新技术服务业发展的关键动力（康锐，2012）。科技为高新技术服务提供了技术支持和发展平台（王仰东等，2007），服务业也给高技术产品赋予了新的价值。高技术的融入给高新技术服务创造了有利的技术壁垒，为高新技术服务企业赢得了市场竞争优势（王仰东等，2007）。高新技术在高新技术服务企业的发展过程中发挥着重要作用（刘玲君，2016）。

（5）高新技术服务企业具有高增值性。高新技术服务业集约了大量高素质人才和高新技术，这些资源在服务过程可以产生很高的增值（李勇坚、夏杰长，2011）。高新技术服务业依靠技术、科技的持续投入，使企业的服务价值呈现倍增性（王仰东等，

2007）。高新技术的融入使高新技术服务企业的服务能够更好地满足客户的个性化需求，而个性化服务可以使客户获得更高的使用价值和社会价值（王仰东等，2007）。

2. 调查对象

本书调研的企业都来自我国政府认定的高新技术服务企业，调查对象主要是在样本企业担任或兼任运营总监职务的管理人员，因为只有他们可以掌握企业的商业模式设计和技术创新情况，所以他们的回答将有利于提高本书结论的有效性。

第二节　理论基础

一、权变理论

20 世纪 50 年代学者们开始对古典管理理论的最佳组织设计方式提出质疑，认为不存在一种最佳的管理方式能够适应不同环境的所有组织（Donaldson L，2001，2010；朱思鹏和周璐，2019），企业的组织机构设计应该随着战略、规模、技术和环境等因素的变化而变化，此观点成为权变理论研究的重要基础（Vande Ven A H，Ganco M & Hinings C R，2013）。权变理论的目标是将定量、行为、系统方法与企业所处的情境相匹配。权变理论通过阐明企业管理变量与环境变量之间的权变机理来构建理论框架，此观点标志着权变理论的正式形成。自此，权变理论得到快速发展，并从组织结构领域扩大到领导方式、会计、计划等应用领域（Donaldson L，1996，1999，2001，2010；Shin Taeyoung，2003；朱思鹏、周璐，2019）。

1. 权变理论的核心内容

20 世纪 70 年代学者们主要运用简化和渐进式的静态平衡方法研究管理变量如何与环境变量实现良好匹配，该研究方式表现出极大的局限性（Levinthal D A，1997；King B G，Felin T & Whetten D A，2009）。唐纳森（Donaldson L，1987）通过对德国、日本、美国、英国、法国的企业开展实证研究，提出结构适应重获匹配（SARFIT）模型，他认为，当组织的战略发生变化时会导致组织结构与权变因素之间出现不匹配情况，而不匹配情况的出现会导致组织绩效降低，此时组织迫于压力会重新调整组织结构直至与权变因素实现匹配，最终实现绩效的提高。SARFIT 模型可以有效地解释组织结构如何有效保持与权变因素的动态平衡。

唐纳森（Donaldson L，2001）进一步完善了 SARFIT 模型，增加了“其他原因”变量，强化了组织自适应机制，并进一步明确了 SARFIT 模型的三个核心关系：第一，组织结构与权变因素之间存在关联性；第二，权变因素的变化会引发组织机构的改变；第三，当组织结构与权变因素匹配时组织可以获得高绩效，不匹配时会降低绩效。匹配—绩效机制是权变理论的核心。很多学者通过实证研究发现，当组织结构与权变因素长期不匹配时会导致组织绩效下降，但是只有当绩效下降到一定程度时组织管理者才会变革组织结构以寻求与权变因素的匹配（Ezzamel M A &

Hilton K，1980；Hill C W & Pickering J F，1986）。该实证研究一方面证明了 SARFIT 模型的有效性，另一方面也验证了西蒙（Simon H A，1976）的有限理性理论。组织管理者的有限理性特点导致他们只有在组织绩效低于满意水平时才会对组织结构开展变革，因此，形成了 SARFIT 模型的动态循环：当组织出现问题时，改变组织结构，从而提高组织结构与权变因素的匹配程度，进而提高组织绩效，最终达成满意效果。

李志辉（2020）使用权变理论对互联网背景企业的管理创新开展了研究，认为在竞争激烈的互联网时代企业需要设计科学的管理机制，加强内部管控，确保企业运营管理体系良性运转。许鹏（2020）对小规模单位的会计管理工作开展研究，提出小规模单位的会计管理工作可以依据权变理论设计问题解决方案。郑伟和姜民杰（2019）使用权变理论构建了企业综合性动态战略绩效评价体系，并开展了案例研究。吴航和陈劲（2019）使用权变理论开展国际化创新战略研究，发现企业开展国际化战略能够对创新绩效产生显著的正向影响。史蒂文·迈克尔·伯吉斯（Steven Michael Burgess，2020）开发了一种依据权变理论以新兴市场为对象的研究方法。张宏荣（2020）使用权变理论对新冠疫情全球传播背景下航空企业的商业活动开展研究，提出航空企业转型求生存、谋发展的新理念。因此，权变理论对管理类问题的研究具有广泛的适用性和指导性。

2. 对权变理论的评价

权变理论对管理理论的发展具有重大影响作用。权变理论对管理者的思想和实践产生重大冲击（李志辉，2020）。虽然长期以来人们在生活中就已经自发地运用权变方法解决问题，但是不系统。当权变理论提出之后人们才能更科学地从理论化角度系统地研究问题。权变理论反对不顾具体情境追求最佳管理办法的“万能论”，主张先分析事物的具体情境，再采取与情境相匹配的管理方法来实现目标。权变理论在具体情境和管理方法之间积极互动，实现两者的合理匹配。

随着研究的不断深入，权变理论的一些问题也开始暴露出来。权变理论更多时候关注的是问题解决结果，而忽视问题的解决过程。学者们对权变理论的研究主要关注具体权变因素，缺乏对整个问题的综合性研究（Baligh H H，Burton R M & Obel B，1996）。权变理论对组织的研究主要关注组织的结构、特征和设计，忽视了组织的具体工作过程（Barley S R & Kunda G，2001）。

3. 权变理论对本书的作用

企业的组织机构应该随着环境变化而变化（Vande Ven A H et al.，2013）。依据权变理论经营战略与环境的匹配效果影响企业的创新绩效（吴航、陈劲，2019）。因此，商业模式对企业创新绩效的作用过程受到外部环境的影响。技术体制是企业技术创新的重要情境，直接影响技术创新效果（姚明明，2014）。技术体制能够描绘行业的技术环境，并且可以用来解释不同行业的多样化创新过程（Nelson R R & Winter S G，1982）。根据权变理论本书研究引入技术体制作为企业创新过程的外部环境因素。

二、组织构型理论

组织构型理论一直是管理领域的研究热点。很多学者对组织构型理论开展了卓有成效的研究（Doty D H, Glick W H & Huber G P, 1993；Dess G G, Lumpkin G T & Covin J G, 1997）。学者们对组织构型理论的概念内涵、理论逻辑、适用情况开展了研究（Siggelkow N, 2002；Fiss P C, 2007；Short J C, Payne G T & Ketchen Jr D J, 2008；张宏荣，2010），还有很多学者依据组织构型理论开展了大量实证研究（Paola R, Cristina R L & Annachiara L et al., 2020；Shiwei S, Dianne J H, Casey G & Cegielski, 2020；Mohsen J S, Madjid T & Takao T, 2020）。学者们有关组织构型理论的研究成果为本书的研究奠定了坚实的理论基础。

1. 组织构型理论的主要观点

经过学者们的多年努力，组织构型理论在理论研究和实践经验总结方面已经取得丰富的成果，以下内容是具有代表性的组织构型理论研究观点。

观点一：构型思想是在传统权变理论基础上发展而来，是对传统权变理论的完善和拓展。权变理论认为，组织内部结构设计与外部环境的匹配关系直接决定组织绩效（Vande Ven et al., 2013）。因此，学者们致力于研究能够与环境变量完美匹配的通用型组织结构，并将这些通用型组织结构归纳为多变量描述的典型模式（Meyer A D, Tsui A S & Hinings C R, 1993）。权变理论基于还原主义研究范式，试图通过分解组织的各个构成部分来研究组织的整体特性。因此，学者们依据权变理论将组织作为松散耦合的集合体，认为当外部环境的约束条件发生变化时，为了适应环境的变化组织内部的各构成部分将作出调整（Meyer A D et al.，1993）。学者们基于整体主义立场，致力于研究组织内部各构成部分如何在外部环境作用下通过相互作用形成有效秩序。因此，组织系统是一个内外部相互作用的双向因果循环集合体（Meyer A D et al.，1993）。这些基于传统权变理论得出的观点，可以很好地解释处于相对简单、封闭、稳定环境下的组织形态，但是无法用于复杂多变环境下的组织形态。基于权变理论的匹配概念是一种静态平衡思想，无法解释组织结构随环境变化而不断演变的动态匹配情景（Vande Ven et al.，2013）。构型思想在权变理论的基础上通过综合分析组织战略、组织结构、领导行为以及环境变化等因素的相互作用机制，研究组织运行过程的系统性、整体性和复杂性。学者们认为，组织构型的基础往往是某一因素起到主导性作用，且起主导性作用的因素会随着组织生命周期的变化而变化。

观点二：基于构型理论的因果关系是非线性的双向关系。过去学者们基于传统权变理论研究外部环境与组织内部之间的因果关系时，认为因果关系必须遵循时间的单向原则，原因一定发生于结果之前，因此呈现出简单的单向线性关系。这种观点忽视了外部环境与组织内部之间复杂的相互作用关系是非线性的。组织构型理论充分认识到了因果关系的非线性，认为具有因果关系的变量在不同组织构型中相互作用的方向可能是不同的，甚至是相反的，而且因果关系中常常存在多个变量之间的相互作用（Meyer A D et al.，1993）。每个构型都是一个系统，而且系统的每个因素都是整体不可缺少的部分，并且相互影响。某一因素在同一组织构型的不同时刻可能会出现驱动者与被驱动者身份的转变。早期的研究者希望研究出一种能够用于不同组织构型的万能线性关系，这种关系在任何组织都是成立的。然而现实中的组织由于组织战略、组织结构、外部环境以及组织的绩效要求千差万别，这些因素之间的关系也是复杂多变的，因此不可能存在这种万能的线性关系。组织构型理论突破了传统权变理论的这一局限。

观点三：组织构型随时间变化呈现出动态稳定性。组织的构型一旦确定往往一段时间内会保持相对稳定，但是当组织战略、组织结构、领导行为或外部环境等因素发生重大变革时会导致组织构型发生改变。因此，组织构型是动态稳定，而非简单的一成不变。组织构型的平衡是由构型的内部变化和从某一种构型向另一种构型转变所形成的动态稳定，该平衡整体表现为一种间断性的动态平衡过程。构型的演化动力来源于组织内外部力量之间的对比，当各方力量关系发生变化时就会引发组织构型的改变。组织构型绝大部分时间处于各方力量平衡的状态而保持稳定，因为维持组织稳定的惰性力量常常处于优势地位（Dess G G，Newport S & Rasheed A M，1993）。学者们为了更好地研究组织构型由一种稳定状态向另一种稳定状态转变的过程，常常设计纵向实证研究方案，但是由于纵向研究对时间的要求比较长，因此在权变研究活动中还是横断面研究方案更多。因此，学者们开展研究时经常假设系统正处于或将处于平衡状态。组织构型趋于平衡的过程是一个渐进、稳定和连续的过程（Meyer A D et al.，1993）。

观点四：组织构型方法主要有两大类：概念性类型学和实证性分类学。概念性类型学是在现有理论研究的基础上，以既有概念为驱动的先验式分类方法，该方法是先研究总结典型组织，再将具体组织的构型分类归为其中某个典型组织类别，其中典型组织构型主要有两类：有机型和机械型。这两类组织构型在组织结构、组织程序以及环境属性等方面都存在较大差异。有机型组织主要有四种：探索型、分析型、防御型和反应型。机械型组织主要有五种：简单结构、事业部制结构、专业式官僚结构、机械式官僚结构和灵活型结构。

实证性分类学是对现实组织进行分析研究，并在此基础上总结归纳出组织构型的方法。虽然实证性分类学不强调典型的组织构型，但是认为不同组织构型之间既存在着元素及元素关系的差异，也存在相同之处，而不同组织构型之间的相同之处和差异性可以用来解释、分析和预测许多组织现象。因此，学者们使用假设检验技术、聚类算法以及数值分类法分析经验数据，寻找不同组织构型之间的识别性（Miller D，1996）。虽然概念性类型学主要基于既有理论总结，实证性分类学基于定量数据分析，但是两者是互补的，并不是相互对立存在的，毕竟实证分析也需要以理论为基础，两者在组织构型研究方面具有同等价值（Meyer A D et al.，1993）。

观点五：组织构型理论可以用于解释组织绩效的问题。学者们不仅深入探索了组织构型结构的变量，也致力于组织构型对组织绩效的解释研究。凯琴等（Ketchen D J et al. ，1997）使用实证研究方法对组织构型与组织绩效之间的关系开展研究，发现组织构型对不同组织绩效的差异有8%的贡献，还发现组织构型的界定标准、纵向研究方法以及选取的样本数量对研究结果有影响，而且这些因素可以正向提高组织构型理论在组织绩效方面的解释能力，并认为可以使用归纳法或演绎法对组织构型进行界定。沃希斯和摩根（Vorhies D W & Morgan N A，2003）基于组织构型理论研究营销活动特性与组织战略类型之间的关系，发现当两者的匹配度很高时，组织的绩效也会提高。

现有学者中既有人使用组织构型理论开展具体管理问题的探索研究，也有人对组织构型理论开展理论拓展研究。葆拉等（Paola Rovelli et al. ，2020）对237家意大利公司开展了企业实现机会与高层管理团队关系的研究，发现具有整合型高层管理团队或激励型高层管理团队的企业通常能够更好地实现机会。葆拉等还对创业企业的组织结构开展研究，探索了创业团队和组织设计要素：层级结构、规模、功能专业化和决策权的分配。安纳托利等（Anatoliy N T et al. ，2020）为了解决复杂组织和技术系统的协调配置问题，开展了仿真模拟研究。孙世伟等（Sun Shiwei et al. ，2020）基于创新扩散理论、配置理论、制度理论以及组织环境框架理论，提出了一个包含技术、组织和环境背景的因素模型。张宏荣（2010）运用组织构型理论研究企业面对激烈变动的外部环境时组织变革与动态能力之间的关系，提出企业的组织变革形式要与相应的动态能力相匹配。组织有效整合设计方案的能力决定了团队的结构，并且可以提高组织的创新绩效

（Mohsen J S et al.，2020）。金俏（2006）对企业战略与组织设计之间的作用机理开展研究，提出了战略与结构的实时互动模型。

2. 对组织构型理论的评价

在有关组织的绩效、行为、伦理，以及人力资源管理、战略管理、国际商务等方面的研究中越来越多地使用到组织构型理论。组织构型理论基于权变理论和组织分析，一方面克服了权变理论早期的缺陷，另一方面巩固了权变理论的已有成果。应该从整体视角理解社会实体的各个部分，而不是拆分后孤立地去理解各个部分，构型思想代表了一种全局观。组织构型理论非常适合用来研究转型期或适应期的管理问题。只用一个或几个简单的因素很难解释转型期或适应期的现象，需要引入系统化、全局性视角（Meyer A D et al.，1993）。构型理论也存在一些不足，比如，缺乏对不同行业的组织构型开展比较研究，现有的测量量表不一致，研究方法相对单一等（Short J C et al.，2008）。范德文等（2013）认为，基于构型视角设计组织是一个双重优化问题。首先是追求组织构型与外部需求之间的相互匹配；其次是组织内部的文化、结构、风格、系统以及管理战略等元素之间的相互匹配。对于一个组织而言，要想同时实现组织内部不同元素之间、组织与环境之间相互匹配是非常难的，构型理论的类型学和原型等概念不足以解决这些问题。因此，在实践活动中，一方面，学者们无法给组织系统提供具有等效的组织构型替代性设计方案；另一方面，管理实践者们也无法分辨不同情境下不同组织构型之间的绩效差异。因此，需要更多的学者参与到组织构型研究中，不断完善组织的复杂性理论，探索新的构型设计方案，以弥补现有构型理论的不足。

第三节　提出研究模型

本书主要依据权变理论、组织框架理论探索商业模式对创新绩效的影响机制。企业的绩效是内部结构与具体情境之间合理匹配的结果（Ven A H V D et al.，2013）。因此，高新技术服务企业需要根据技术体制和内部结构选择合适的商业模式主题和技术创新方式（Teece D J，2018）。当企业的商业模式主题和技术创新方式与所处的经营环境相适应时，才能实现提高创新绩效的目标。

首先，本书通过回顾和整理已有研究文献，选择了效率、新颖两种商业模式设计主题（Miller D，1996；Zott C & Amit R，2007，2008；Amit R & Zott C，2001，2015），探索不同商业模式设计主题对创新绩效的影响。效率型商业模式的特点是降低交易成本，提高交易便捷性（Zott C & Amit R，2007；Amit R & Zott C，2015），因此效率型商业模式可以通过影响企业的创新过程而影响创新绩效（孙永磊等，2018）。新颖型商业模式的特点是不断创新交易方式，开拓新交易伙伴，从而创造新价值（Zott C & Amit R，2007），因此新颖型商业模式可以通过增加企业的信息来源而影响创新绩效（孙永磊等，2018）。根据上述分析，效率型和新颖型商业模式对企业的创新绩效都会产生积极的正向影响。

其次，本书探讨不同商业模式主题与不同技术创新方式之间的匹配效果。根据新技术的来源不同，本书研究引入了自主研发和购买引进两种技术创新方式（Veugelers R & Cassiman B，1999）。效率型商业模式有利于企业开展自主研发时从外界获取信息，从而提高创新效率，而且有利于企业开展购买引进时加强成本控制，从而提高创新效益。新颖型商业模式可以帮助企业收集更多的技术信息，从而减少企业开展自主研发时的失误，而且有利于企业通过购买引进获取先进技术成果。自主研发有利于企业掌握产品核心技术，可以帮助企业获取更多的价值，从而提高创新绩效（McKelvie A et al.，2018）。企业可以通过购买引进快速提升企业的技术水平，提高产品质量，从而帮助企业获取高额的市场价值（邹文卿、王一茹，2020）。根据上述分析，购买引进对商业模式与创新绩效的关系有影响，而且自主研发也对商业模式与创新绩效的关系有影响。

最后，本书依据权变理论探索技术体制的调节效应。技术体制是企业创新活动的重要技术环境，对商业模式与创新绩效的关系有调节效应（Tian Jin & Dai Ying，2020）。马勒巴和奥尔塞尼戈（1993）认为技术体制包含技术机会、技术独占、技术累积和知识基属。因此，本书分别探索了技术独占、技术累积、技术机会和知识基属的调节效应。技术体制的不同导致商业模式、技术创新对创新绩效的影响不同（Lee K et al.，2017）。根据上述分析，本书构建了以下研究模型（见图 2－6）。

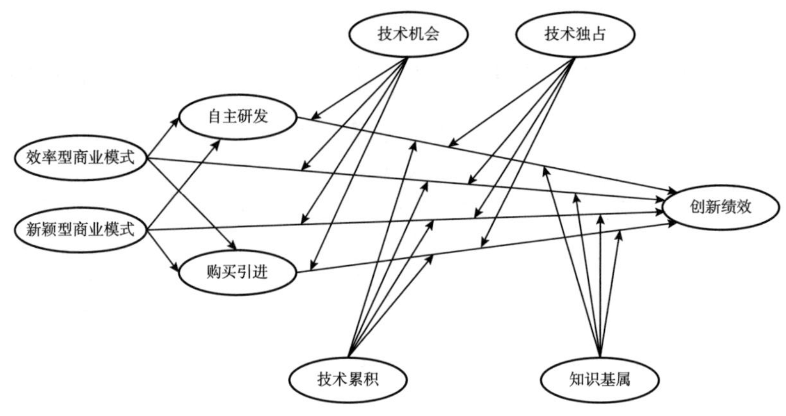

图 2-6　研究模型

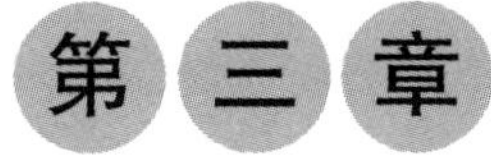

研究方法

本书主要使用定性研究和定量研究相结合的混合式研究方法。一方面收集整理已有研究文献开展理论分析，另一方面通过调查问卷收集大样本数据开展实证研究，综合运用多元研究方法，实现不同研究方法之间的互补。

第一节　总体、样本和抽样

本书依据研究问题界定研究对象的总体，确保研究结论具有科学性，并依据统计原则确定调查样本的数量和分布。本书严格按照科学抽样程序获取样本，确保调研结果能够反映总体的情况，并通过严谨的实证分析对研究假设开展验证。

一、总体

本书的研究总体是我国境内获得高新技术服务企业资格认定

的企业，探索这些企业的商业模式对创新绩效的影响，研究成果将给发展中地区企业提供借鉴。改革开放 40 多年来我国实现了经济的快速发展。其中，高新技术服务企业跨越式发展的经验对其他发展中地区企业具有良好的借鉴性。根据 2016 年修订后的《高新技术企业认定管理办法》，对高新技术服务企业开展审核认定，该认定标准是我国境内界定高新技术服务企业的公认方法。本书采用我国科学技术部对高新技术服务企业的认定结果，因此本书的研究总体是我国境内获得高新技术服务企业资格认定的企业，不包含港澳台地区的高新技术服务企业。截至 2020 年 6 月 30 日我国境内获得高新技术服务企业资格认定的企业有 3520 家[①]。

二、样本

本书采取抽样调查法收集数据。本书的研究总体是一个数量很大的群体，因此无法开展全面调查，只能采取抽样调查方法。为了使本书结论能够反映研究总体的特征，本书采用简单随机抽样法获取样本。本书计算样本数量的公式如下所示：

$$n = \left(\frac{Z_{a/2} \times \sigma}{e}\right)^2$$

其中，n 为样本量，a 为风险水准，e 为可容忍误差，Z 为置信区间，σ 为标准差（Cozby P C，2009；刘顺忠，2012）。本书的总

① 数据来源：中华人民共和国科学技术部 2020 年统计的数据。

体数量是 3520 家，置信水平为 95%，置信区间为 5%，计算获得最少样本数量为 384 家。

三、抽样

本书采用简单随机抽样法获取样本。在实际调查过程会有样本企业不愿意配合调查，因此本书实际抽取 600 家企业开展问卷调查（刘顺忠，2012），收到问卷后还将根据信息的有效原则剔除无效问卷（Søren Taverniers & Daniel M，2020）。本书从我国高新技术企业认定管理工作网公示的企业名单随机抽取样本，首先给 3520 家高新技术服务企业进行编号，再使用随机数表抽取 600 家企业。本书将使用问卷调查法对我国境内获得高新技术服务企业资格的 600 家企业进行调查，具体抽样情况如表 3－1 所示。

表 3－1　　抽样情况

总体数量（家）	样本数量（家）	抽样比例	置信度	置信区间
3520	600	17%	95%	5%

第二节　数据收集方法

本书的研究对象是高新技术服务企业，研究问题属于企业层面，研究涉及的变量有商业模式、技术创新、技术体制和创新绩效。因为无法直接从公开资料获取这些变量的数据，所以本书采用面向高新技术服务企业的调查问卷获取样本数据。根据发展中地区的经营情境，并结合已有的成熟量表和相关领域的专家意见设计调查问卷，而且初步制定的调查问卷将先开展小样本调查测试，再根据测试情况完善调查问卷。

一、调查问卷设计

调查问卷设计的科学合理性是研究数据的可靠性和有效性的重要影响因素。本书依据已有成熟量表和问卷设计的研究成果，并遵循科学原则和流程开展问卷设计（Khahan N N，Theerawat R & Natthaya W，2019；Rozzell Kaitlin N，Carter Chelsea & Convertino Alexandra D et al.，2020；石晓玉和林静，2020；刘夏和李文红，2020）。

（1）梳理已有量表文献。本书收集和整理了学者们关于商业模式、技术创新、技术体制和创新绩效的研究文献，依据其中被广泛使用，且具有高信度和效度的量表设计本书的测量量表，以此形成本书调查问卷的初稿。

（2）咨询相关学术专家。笔者在研究期间积极参加与本书研究领域相关的学术交流会，借助学术交流会的机会与相关学术专家就问卷的逻辑结构、题项设置和措辞等方面进行交流，根据相关学术专家的意见对调查问卷的初稿开展了修改，形成调查问卷的第二稿。

（3）咨询高新技术服务企业的管理人员。首先，笔者实地访问了5位具有良好管理教育背景的高新技术服务企业管理者，向他们咨询调查问卷的量表设置是否能够反映企业相关方面的真实情况。其次，笔者还实地访问了 5 位管理教育背景相对较弱的企业管理者，咨询他们是否能够正确理解调查问卷的语言表述。通过上述环节对调查问卷进一步修改，并形成调查问卷的第三稿。

（4）对调查问卷开展小样本测试。在开展大样本数据收集之前对调查问卷开展小样本测试，依据小样本测试结果对调查问卷进行修改。本书使用以下计算公式确定小样本数量。

$$n = \frac{z^2\sigma^2}{d^2}$$

其中，z 为置信区间，n 为样本容量，d 为抽样误差范围，σ 为标准差，并取值为 0.5（Cozby P C，2009；刘顺忠，2012）。本书的研究总体数量是 3520，置信水平为 95%，置信区间为 5%，计算获得小样本的最少数量为 30。在实际调查过程会有样本企业不愿意配合调查，因此本书将随机抽取 80 家企业开展小样本测试（刘顺忠，2012）。根据小样本测试的结果进一步完善调查问卷，最终形成调查问卷的终稿。

调查问卷采用 Liket7 级量表设计题项，被调查者主要采取主观评价方式进行答卷。因此，被调查者的回答可能影响调查结果的准确性和客观性。为了避免被调查者的主观因素导致调查结果出现偏差，本书参考已有学者的研究成果采取了以下控制措施（Khahan N N et al.，2019；Rozzell K N et al.，2020）。

在调查问卷的卷首明确调查研究的目的。调查时告诉被调查者此次调查只用于学术研究不用于任何商业用途，并进行严格保密。调查问卷的内容不涉及被调查者的任何个人隐私和公司名称信息，以此减少被调查者不愿意如实回答或刻意回避带来的调查结果偏差。

本书的调查对象主要是在样本企业已经工作 2 年及以上，并且对样本企业的整体经营情况较为熟悉的管理者，以此减少被调查者因为不了解企业情况而带来的调查结果偏差。当被调查者不了解企业的某些信息时，将建议其询问相关人员后再作答，以此确保信息的真实可靠。

被调查者的个人情况对本书的研究结果会产生影响。因此，调查问卷将收集被调查者的基本信息，主要有性别、教育程度、年龄、工作年限和岗位（姚明明，2014）。

调查问卷要求被调查者回答的事情都是 3 年以内的情况（姚明明，2014），以此减少因为时间过去太久，被调查者无法准确回忆带来的调查结果偏差。

本书采取留置方式开展问卷调查，以此避免被调查者因为时间仓促无法认真思考带来的调查结果偏差。在调查问卷末尾注明工作人员的联系方式，并提醒被调查者遇到疑惑时可以及时联系。

二、数据收集过程

在实证研究中数据收集和整理过程的准确性和有效性对研究结果具有非常重要的影响。本书为了获得高质量的样本数据，严格按照统计分析原则控制问卷发放的对象、时间、渠道，以此防止调查过程出现偏差。

（1）问卷的发放与回收。为了保障调查过程的可靠性，研究团队招募了一批商科类专业学生组建调查团队，因为笔者在高校工作，所教授对象都是商科类大学生。通过严格面试将招募 20 名商科类大学生组建调查团队，而且这些商科类大学生已经学习过商业管理类的专业课程。因此，对他们开展调查方法培训后，他们能够更好地理解和执行调查要求和目的。

本书发放调查问卷的方式有两种：现场调查和 E - mail 调查。开展调查前会用电话与被调查者沟通调查的目的和具体方式，根据被调查者的意愿选择 E - mail 调查或现场调查（汤建影和黄瑞华，2004）。

（2）防止问卷偏差的措施。如果由同一个人回答调查问卷的所有题项，可能会出现同源偏差的情况。因此，同一张调查问卷要求被调查企业的多个被调查者共同填写，同时还将采用哈曼单因子检验方式对回收的调查问卷开展检测，以此避免同源偏差情况（Favero N & Bullock J B，2014；Jensen R，2015）。

本书还将对调查过程的未回复偏差开展检测。因为很难从不回复问卷的企业获取信息，因此对积极回复的问卷和不积极回复的问卷开展对比分析，开展独立样本 T 检验，以此检测未回复偏差情况（Liu Cheng & Sun Yixiao，2019）。

三、工具质量

本书通过收集大样本数据对研究模型涉及的变量开展测度，所用的量表都是被广泛引用的成熟量表。为了保证量表的科学合理性，本书还将对调查问卷开展信效度检测。

（1）信度检测方法。信度分析是对问卷测量结果的一致性和稳定性开展分析和检测。问卷的信度高，表明问卷测量过程排除误差的能力强。高信度问卷能够保证测量结果符合科学要求。常用信度分析指标有稳定信度、同等信度和代表性信度。因为本书主要分析不同题项间的差异性，所以采用同等信度检测指标，并将 Cronbach's a 系数作为一致性检验的重要指标，当 $a<0.7$ 时，表明量表信度低，需要重新设计量表；当 $0.7\leqslant a<0.8$ 时，表明量表信度可以接受；当 $0.8\leqslant a<0.9$ 时，表明量表信度较高；当 $a\geqslant0.9$ 时，表明量表信度很高。若删除某个题项时 a 系数增大，则说明应该删除该题项（侯志阳、丁元，2017）。

（2）效度检测方法。效度分析主要检测量表的概念定义是否符合操作定义。效度检测结果可以反映量表对研究构念的测量是否有效，常用的效度分析指标有表面效度、内容效度、构念效度和效标关联效度。本书所用量表都是被广泛使用，且被证实具有较高信度和效度的成熟量表，因此本书的量表在内容效度方面具有较高的有效性。本书将使用探索因子分析法检验量表的构念效度，以此分析问卷是否能够达到预期的测量效果。

探索因子分析是通过聚合分析变量之间错综复杂的关系来探索数据的本质结构。因为本书使用的量表是将已有成熟量表结合我国语言环境翻译所得，所以本书使用探索因子分析来验证量表题项的合理性和有效性。首先，对问卷开展 KMO（Kaiser - Meyer - olykin）检测和巴特莱特球检验，当 KMO 值大于 0.7，且主题项的载荷系数都大于 0.5 时，才能开展因子分析（史小强、戴健，

2018）。其次，本书使用主成分法开展因子分析，当分析结果出现以下情况时，删除相应题项。一是一个题项单独成为一个因子，二是一个题项在两个及以上因子的载荷大于0.5，三是题项所属因子载荷小于0.5。

第三节　数据分析方法

本书在检验调查问卷合格，且数据有效后将开展数据分析。使用研究人员公认的统计方法开展数据分析，探索变量之间的关系，并通过大样本数据分析验证研究假设。

一、数据分析工具

本书以收集到的有效样本为基础，采用SPSS软件对调查问卷的信效度开展分析，还将对收集的数据开展描述性统计分析，并对商业模式、技术创新、技术体制、创新绩效以及控制变量开展相关性分析，以此检验各变量之间是否存在相关性。本书将使用多元回归分析方法验证商业模式、技术创新和创新绩效之间的直接效应假设是否成立（唐瑞魏，2020）。

二、描述性统计

本书在进行描述性分析和回归分析前，将先对原始数据进行去中心化处理。本书使用的去中心化数学公式如下。

$$Y = X - \mu$$

其中，X 为原始数据，Y 为去中心化后的数据，μ 为原始数据的平均值（魏登云、张文俊，2018）。对各变量的数据去中心化处理后，本书进一步分析变量的个数、极值、均值、标准差、方差，并先后对商业模式、技术创新、技术体制、创新绩效以及控制变量等变量开展描述性统计分析。

三、控制变量

为了确保研究结果更为可靠，本书从企业层面开展控制变量分析。企业的某些属性虽然不是本书关注的问题，但是对本书的主要变量可能产生影响。因此，本书选择企业规模、企业年龄作为控制变量（Gregory John Lee，2020；Oksana S S & Kamil F，2020；李秉成、黄叶珍和孙荣培，2020）。为了更好地开展统计分析，将企业规模和企业年龄划分为 5 个层次，具体情况如表 3－2 所示。

表 3－2　　　控制变量

序号	企业规模	企业年龄
1	少于 100 人	少于 5 年
2	101～300 人	6～10 年
3	301～500 人	11～15 年
4	501～1000 人	16～20 年
5	超过 1001 人	大于 20 年

企业规模是影响企业经营决策的重要因素。企业的规模越大，企业越有机会获取更多的经营资源，从而获得更高的经济效益。大规模企业在技术创新过程具有更强的灵活性，既可能单独采取自主研发或购买引进方式开展技术创新，也可能将上述两种技术创新方式混合使用。小规模企业迫于经营资源有限，往往只能选择一种技术创新方式。

企业年龄是企业商业模式、技术创新和创新绩效的重要影响因素。随着企业年龄的增长，企业的商业模式设计和技术创新方式才能逐渐成熟。企业经营时间越长越有可能获取更多的优质经营资源。基于这些经营资源企业可以采取更为高效的商业模式，从而提高创新绩效（Zott C & Amit R，2008）。本书将样本企业的年龄界定为从企业成立时间到2021年6月30日。本书的调查问卷发放和回收，从2021年7月1日开始，到2021年7月30日结束。

四、结构方程模型

本书使用结构方程模型对变量之间的假设关系开展检验。在开展具体分析前，本书先对数据的分布情况开展了正态分布检验，从而确定所收集的数据是否适合采用最大似然法开展参数估计分析，然后本书又对量表开展信效度分析，以及变量之间的区分效度检测。最后采用结构方程模型对模型的拟合度和研究假设开展检测。本书还将采用方差膨胀因子（VIF）开展多重共线性检测，当VIF值大于0小于10时，说明量表没有多重共线性问题；当 VIF 值大于 10 小于 100 时，说明量表具有较强的多重共线性问题；当 VIF 值大于 100 时，说明量表具有严重的多重共线性问题（赵红，2019）。如果结构方程不合理会导致测量误差很大，所以检测结构模型质量是非常重要的环节。本书通过分析样本数据与模型结构的拟合度判断模型的质量，模型拟合度好说明模型构建的变量关系与样本数据之间的关系具有很好的一致性。本书采用模型的相对性、绝对性和复杂性等指标开展检测，还将对模型开展验证因子分析，主要检测模型的聚合效度和区分效度（刘云、王小黎和白旭，2019）。本书采用的拟合指标和参考值如表 3 – 3 所示（马君，2020）。

表 3 – 3　　　　拟合指标和推荐参考值

指标	建议参考值	
绝对拟合度指数	Goodness of fit test（χ^2）	χ^2 越小说明模型拟合效果越好
	Root mean square residual（RMR）	RMR 值小于 0.05，且 RMR 值越小越好
	Goodness of fit index（GFI）	GFI 值大于 0.9，且 GFI 值越接近 1 越好
	Adjusted goodness of fit index（AGFI）	AGFI 值大于 0.9，且 AGFI 值越接近 1 越好
	Root mean square error of approximation（RMSEA）	RMSEA 值小于 0.05 时为优秀，小于 0.08 时可以接受
	Chi-square to DOF ratio（χ^2/df）	χ^2/df 值大于 1 小于 3
增值拟合度指数	Normed fit index（NFI）	NFI 值大于 0.9 时可以接受，NFI 值越接近 1 越好
	Tucker – Lewis Index（TLI）	TLI 值大于 0.9 时可以接受，TLI 值越接近 1 越好

续表

指标	建议参考值	
增值拟合度指数	Comparative fit index (CFI)	CFI 值大于 0.9 时可以接受，CFI 值越接近 1 越好
	Increasing fit index (IFI)	IFI 值大于 0.9 时可以接受，IFI 值越接近 1 越好
精简拟合度指数	Akaike's information criterion (CAIC)	CAIC 值越小越好
	Consistent akaike's information criterion (CAIA)	CAIA 值越小越好

五、假设检验方法

（1）直接效应检验方法。本书使用多元回归分析法对研究模型的变量开展相关性分析，比如，效率型商业模式与创新绩效的相关性、新颖型商业模式与创新绩效的相关性、效率型商业模式与自主研发的相关性、效率型商业模式与购买引进的相关性、自主研发与创新绩效的相关性、购买引进与创新绩效的相关性。当模型检测没有问题后，本书还对控制变量、解释变量、被解释变量开展交互项分析。如果交互项分析得出 ΔR^2 是显著的，$P < 0.01$，则说明具有显著相关性，假设成立（姚明明，2014）。

（2）中介效应检验方法。本书采用巴伦和肯尼设计的四步骤检测法开展中介效应检测。该方法得到了广泛应用，很多学者使用该方法开展中介效应检测（Nowell B，Izod A M & Ngaruiya K M et al.，2016），四步骤检测法的具体步骤如下：第一步，检测商业模式是否对技术创新具有显著影响；第二步，检测技术创新是否对创新绩效具有显著影响；第三步，检测商业模式是否对创新绩效具有显著影响；第四步，同时检测商业模式、技术创新是否对创新绩效具有显著影响，如果此次检测结果表明商业模式对创新绩效的影响减弱，则说明商业模式通过技术创新对创新绩效产生影响，因此技术创新在商业模式和创新绩效之间的关系中产生中介效应。

（3）调节效应检验方法。本书采用变量间的交互项检测技术体制的调节效应（Nowell B et al.，2016）。当加入交互项时，如果 ΔR^2 是显著的，则调节效应成立（侯志阳、丁元，2017）。调节回归分析的具体步骤如下：第一步，检测技术创新、商业模式对创新绩效的影响；第二步，分别检测技术创新、技术体制、商业模式和技术体制对创新绩效的影响；第三步，在技术创新和技术体制中加入技术创新与技术体制的交互项，检测交互项对创新绩效的影响，商业模式也是同理。如果交互项系数为正且显著，那么技术体制的正向调节效应成立；如果交互项系数为负并且显著，那么技术体制的负向调节效应成立（侯志阳、丁元，2017）。

本书为了探索商业模式对创新绩效的影响机制，先开展案例研究，再开展实证研究。通过探索性案例研究提出了商业模式对创新绩效影响的研究命题，再通过收集大样本数据开展了商业模式对创新绩效影响的实证研究，并分别分析商业模式对创新绩效的直接效应、技术创新的中介效应、技术体制的调节效应。本书的研究逻辑是，先通过质性研究探索研究命题，再通过实证分析检验研究假设，最后解决本书的研究问题。

商业模式对创新绩效的影响：探索性案例研究

前面所述内容为本书的具体研究做好了理论准备。本书围绕核心研究问题对 6 家高新技术服务企业开展了探索性案例研究，通过提出研究假设、案例筛选、访问调查和数据分析等步骤，得出研究结果，据此构建商业模式、技术创新和创新绩效之间关系的概念模型。

第一节 理论背景与理论预设

已有关于企业创新绩效的研究主要关注制造类企业的工业技术创新，主要从技术研发和技术引进的视角分析企业创新绩效的影响因素（Lizarelli et al.，2021）。信息技术的快速发展使现代服务业获得了高质量的快速发展（Xu Ziyan et al.，2021）。随着研究的不断深入，学者们关于技术创新的研究不再局限于狭义的工业技术创新，而是扩展到广义的技术创新层面（Bruton &

White，2011）。

商业模式是将技术创新作为投入因素，并通过客户和市场实现经济产出的框架（Loon Mark et al.，2021）。商业模式能够通过企业技术创新提升企业绩效。企业通过商业模式在市场交易过程发现新的需求，并促使企业不断改进和提升技术满足市场需求（Ferreras – Méndez José Luis et al.，2021）。技术创新也能够通过商业模式提升企业创新绩效（Li Huang et al.，2021）。设计不合理的商业模式不但会影响企业实现商业利益，还会影响企业技术创新的商业转化效果（Sharmelly Rifat & Ray Pradeep Kanta，2021）。

商业模式是企业市场竞争优势的重要来源，不仅对制造类企业如此，对服务类企业也如此（Ghezzi Antonio，2020）。企业通过不断整合内外部资源提高经营效益（Dwivedi Ritesh，2020）。技术创新是衡量企业经营绩效的重要指标（Matthias Olga & Fouweather Ian，2021）。已有学者的研究很少涉及商业模式对技术创新的影响。商业模式不仅能够促进企业技术创新，还能帮助企业实现技术创新的经济价值。企业可以通过商业模式发挥自身优势并克服劣势。阿米特和佐特（2015）认为影响商业模式设计的因素有四个：获取价值的目标、利益相关者的活动、企业现有实力和环境的约束。

权变理论认为，企业战略与组织架构之间存在紧密联系，并且这种关系会对企业的经营绩效产生影响（Rogerio S Victer，2020）。很多学者关注企业战略、组织结构和经营绩效之间的因果关系和动态匹配（Garry L McDaniel，2021）。依据权变理论，企业所处的内外部环境会对商业模式的形成过程产生直接的影响。外部环境和企业组织结构之间的匹配关系会对经营绩效产生影响（Magerakis Efstathios & Habib Ahsan，2021）。商业模式比战略对企业的影响更为深远。如果企业能够综合商业模式和战略开展规划，企业将通过商业模式设计获得更大的竞争优势（Dwivedi Ritesh，2020）。

根据上述分析，技术创新是企业提升经营绩效的重要因素，已经受到学者们的广泛关注和研究。商业模式与技术创新之间的互动机制，以及两者的互动关系对创新绩效的影响也受到学者们的关注（卑立新和焦高乐，2021）。因此，本书主要关注商业模式对高新技术服务企业创新绩效的影响。本书基于权变理论研究商业模式与技术创新之间的互动关系，以及两者的互动关系对创新绩效的影响机制。本书根据上述分析提出如下假设（见图4－1）。

H4－1：商业模式显著影响创新绩效。

H4－2：商业模式显著影响技术创新。

H4－3：技术创新显著影响创新绩效。

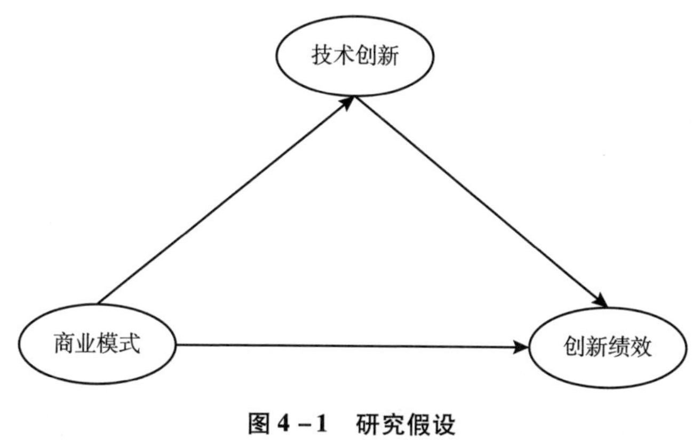

图4－1 研究假设

第二节　研究设计与方法

一、研究方法选择

案例研究是一种质性研究方法，适合于初期开展探索性研究，有利于研究初期解决“是什么”“为什么”的基本问题，为建立和拓展理论建立研究基础（Gianmarco Bressanelli et al.，2018）。根据研究类型的不同，案例研究主要有探索性案例研究、评价性案例研究、解释性案例研究和描述性案例研究（Mohammad M Foroudi et al.，2019）。依据研究目的不同，案例研究也分为理论构建和理论验证两种（Ma Zheng et al.，2021）。本书致力于探索高新技术服务企业商业模式对创新绩效的影响，但是已有研究成果较少涉及这一问题，而且已有理论不能很好地解释这方面的影响机制。因此，本书尝试对典型企业开展探索性案例研究，从而开展相关理论的构建。虽然不同学者开展案例研究的具体步骤不相同，但是不同学者的研究思路是基本一致的。因此，本书根据学者们的相关研究成果，将案例研究主要分为以下几个步骤。

（1）明确研究问题。通过分析我国高新技术服务企业的现实发展背景，以及经营管理过程遇到的管理困境，提出了本书的研究问题。围绕核心研究问题收集和整理已有研究成果和数据。

（2）提出理论假设。依据已有研究成果，对商业模式、技术创新和创新绩效的关系提出理论假设和研究构念，并以此指导后期研究。为了保证研究结论的科学性，本书所提出的研究构念只涉及变量之间的联系，不涉及变量之间的具体关系，也不涉及外加变量。

（3）案例筛选与分析。本书依据科学性原则开展案例企业的筛选活动。本书依据代表性原则选择案例企业，并通过对案例企业开展访问调查收集数据，最终通过案例分析提出研究命题。

二、案例选择

本书以多案例研究方式开展探索性案例研究。为了提高研究的有效性和科学性，对案例的筛选进行了反复性验证。首先对我国境内获得高新技术企业认定管理机构认证的 3520 家高新技术服务企业开展背景资料的收集和分析。再依据代表性、典型性原则筛选出 18 家高新技术服务企业作为研究的备选案例集。18 家企业的具体筛选标准为：企业开展了技术创新活动，企业的商业模式设计对创新绩效有显著影响。

本书对 18 家备选企业开展了深度访谈，收集了企业在商业模式设计、技术创新等方面的具体信息。依据核心研究问题，本书使用目的性抽样方法从 18 家备选企业中进一步筛选出 6 家高新技术服务企业作为研究样本。6 家样本企业的具体信息如表 4－1 所示。目的性抽样是定性研究常用的一种非概率性抽样方法，要求根据研究问题筛选能够提供最大信息量的典型样本。

目的性抽样有利于对研究对象获得比较深入的解释性理解（Qureshi M N & Hanif M，2021）。因此，目的性抽样方法非常符合本书探索性案例研究要求，能够实现本书目的。本书依照以下标准筛选6家样本企业。

（1）为了使案例具有代表性，本书筛选案例时考虑了样本企业的行业分散度，因此从6个不同的行业选择了6家典型样本企业。

（2）本书选择样本企业时尽量考虑不同类型的高新技术服务企业，以此提高研究的多重验证性。6家样本企业在商业模式、技术创新、创新绩效等方面的表现具有多样性。

（3）为了提高案例研究的可信度，本书通过深度访谈收集企业的各种信息。

（4）为了降低外部环境对商业模式与创新绩效之间关系的影响，本书选择了处于相同环境的样本企业。6家样本企业都来自我国广东省。

表4－1　样本企业基本情况

企业情况	A安全防护技术服务公司	B服装设计服务公司	C化工技术服务公司	D物流技术服务公司	E电梯技术服务公司	F通信技术服务公司
成立时间（年）	1998	1995	1994	1991	1991	2006
员工数量（人）	6300	587	230	352	4231	96
销售金额（亿元）	89	13	75	45	68	6.5

续表

企业情况	A 安全防护技术服务公司	B 服装设计服务公司	C 化工技术服务公司	D 物流技术服务公司	E 电梯技术服务公司	F 通信技术服务公司
行业	服装业	服装业	化学工业	物流业	电梯行业	通信行业
主要业务	生产安全防护产品，为安全保护问题提供解决方案	生产和销售休闲服装，提供服装设计咨询服务	生产和销售特种化学品，提供化学技术咨询服务	主要运营全国物流信息服务平台	制造和电梯销售，提供电梯维修服务	主要从事远程协同视频通信软件和集成客户端终端的研发，提供综合通信解决方案
主要市场	国内和海外市场	国内市场	国内市场	国内市场	国内市场	国内市场

三、数据收集

为了提高研究过程的信度和效度，本书在收集样本企业信息的过程主要遵循以下标准。

（1）采用多来源数据开展“三角验证”。多来源的数据不仅是案例研究的优势，而且能够对研究对象开展多视角描述，从而提高研究结论的准确性和客观性（罗茜，2020）。本书从多来源收集样本企业的数据，首先，调查人员到样本企业开展实地观察和访问，调查收集一手资料，主要访问样本企业的高层管理者、技术研发人员和企业合作伙伴等利益相关者。在访问结束后安排调查人员使用电话、E-mail，以及后期多次访问等方式补充信息，从而对收集的数据进行核对和整理。当访问调查内容需要被调查人员对企业开展评价时，本书采取措施尽量避免被调查者在回答过程中掺杂个人主观情感因素。访问调查收集的数据仅作为研究数据的一部分，并与其他来源的信息进行比对审核（Gianmarco Bressanelli et al.，2018）。其次，调查人员还收集和整理有关样本企业的各种二手资料，如企业内部期刊、管理人员的重要讲话稿、企业年度报告、企业网站公开的信息、社会上出现的与企业相关的各种新闻报道、公开出版的各种与企业相关的书籍、行业协会等组织公开的各种与企业相关的资料、上市公司公布的年度报告等。6 家样本企业数据的具体来源如表 4－2 所示。

表 4－2　　　　样本企业数据来源

样本企业	访谈调查	现场观测	二手资料信息
A 安全防护技术服务公司	拜访调研总经理 2 次，研发总监 2 次，部门负责人 2 次	公司总部现场、技术研究和开发中心	学者发表的公司研究成果、公司的招股说明书和过去三年的年度报告、与公司有关的新闻、公司内部期刊、行业协会报告
B 服装设计服务公司	拜访总经理 1 次，部门负责人 2 次，通过电话与总经理沟通 3 次	公司总部、服装设计中心和 3 个省份的门店	公司相关新闻、公司内部期刊、行业协会报告、公司年度报告
C 化工技术服务公司	拜访调研总经理 2 次，技术研究负责人 2 次	公司总部现场、技术研究和开发中心，参观公司的发展历史展览 1 次	公司内部日记账、行业协会报告、公司相关新闻、公司年度报告
D 物流技术服务公司	拜访调研总经理 1 次，技术研究负责人 2 次，与总经理沟通 1 次	公司总部现场和交易平台中心	公司内部日记账、行业协会报告、公司相关新闻、公司年度报告

续表

样本企业	访谈调查	现场观测	二手资料信息
E电梯技术服务公司	拜访总经理调研2次，部门负责人2次，与技术研发总监进行1次电话沟通	公司总部现场、技术研究和发展部	其他学者对该公司的研究成果、公司内部期刊、行业协会报告、公司相关新闻、公司年度报告
F通信技术服务公司	拜访调研总经理3次，技术研究总监2次，通过电子邮件与总经理沟通1次	参观公司总部技术调研和发展部、产品展厅	公司年度报告、公司相关新闻、公司内部期刊、行业协会报告

（2）创建样本企业信息资料库，开展数据的记录和整理。本书将访问调查获得的企业内部期刊、访谈现场录音、访问调查的笔录，通过E－mail、电话沟通获得的信息，以及通过各种来源获得的二手资料整理成样本企业信息资料库，具体过程如表4－3所示。

表4－3　　样本企业信息收集流程

数据收集过程	工作内容	信息来源	目标
访问前	收集有关公司的各种公开信息	互联网搜索、购买行业协会报告、收集相关公司的研究论文等	根据公司基本情况确定面试调查的重点内容
访问调查（第1次）	在被调查人员同意的情况下记录访谈调查过程	现场面对面访谈调查	获取更多详细信息和关于公司的准确信息
访谈调查（第2次）	获取公司内部业务记录、经理重要讲话、内部刊物和公司的各种宣传材料	要求被调查人员提供	获取有关公司的更多内部信息

续表

数据收集过程	工作内容	信息来源	目标
访谈后（第1次）	组织和分析现场录音和面试调查结束后24小时内的面试调查记录	根据现场记录进行分析和记录	及时整理从访问中获得的信息
访谈结束后（第2次）	验证不准确的数据和补充不准确的信息	电话、电子邮件和多次访问	防止信息不完整或数据不正确导致研究结论出现偏差
访谈后（第3次）	组织和统一归档调查数据	分类和对各种信息进行编码	为数据分析做好充分准备

四、数据分析方法

为了提高数据分析的有效性，本书分别开展单个样本企业的案例内分析和样本企业之间的案例对比分析，将数据分析过程分为数据缩减、数据陈列、分析结论3个阶段。

首先，对每个样本企业开展数据缩减和数据陈列的案例内分析。数据缩减是对访问调查收集的现场录音、记录以及各种文本资料进行信息选择、聚焦、简化、摘取和转化的过程（Mohammad M Foroudi et al.，2019）。根据前面所述的理论基础，对每个样本企业收集到的信息按照效率型商业模式、新颖型商业模式、自主研发、购买引进和创新绩效等维度进行归档编码，并在对信息材料进行编码时不断调整和完善编码方案，以便形成科学、有效的编码方案，且以表格的形式陈列6个样本企业信息材料中各个主要变量的特征和数据，便于后期进一步深入分析。

其次，对 6 家样本企业开展案例间分析，归纳总结各个变量的数据，从而识别变量之间的关系。在探索商业模式、技术创新、创新绩效之间的关系时，对 6 家样本企业的变量数据进行不断比较，总结其中相似和不同之处。在分析比较的过程中，还将多种来源的信息进行相互验证，从而提高结论的有效性（Gianmarco Bressanelli et al.，2018）。对 6 家样本企业开展比较分析的过程，也是对商业模式、技术创新、创新绩效开展相互验证的过程，类似于自然科学的重复试验。

最后，通过对样本企业开展案例内分析和案例间分析推导得出研究命题。最初开展样本数据分析陈列时，有很多研究思路不断涌现出来。此时，研究团队会重新查看之前的原始数据资料，根据已有研究理论和当时访问调查的语境情况分析每个研究思路是否具有深入研究的价值（Ma Zheng et al.，2021）。如果某个研究思路具有研究价值，本书将其与研究主题的各个变量相联系，并提出试探性的研究命题，还将这些试探性研究命题进一步与现有研究理论进行比较，对试探性的命题进行修正完善，最终得到正式的研究命题。提出研究命题、变量关系、试探性命题以及形成正式研究命题是一个动态的修改过程，具体如图 4－2 所示。

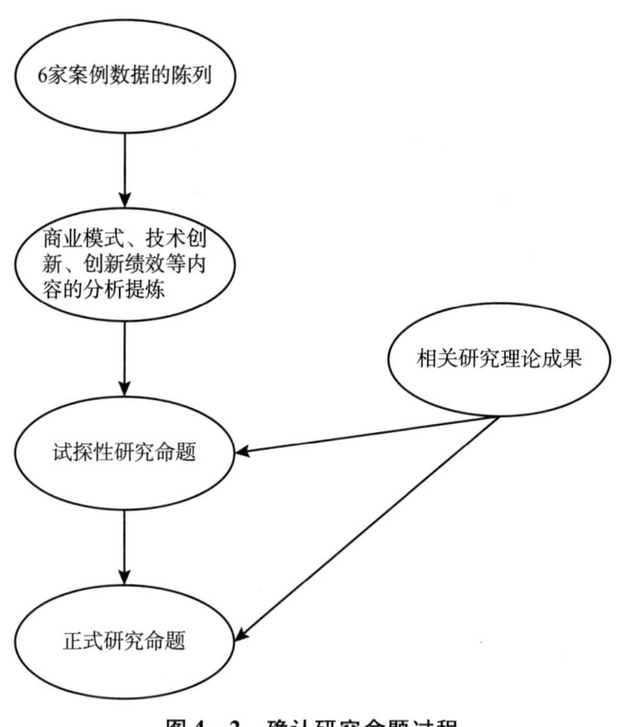

图 4-2　确认研究命题过程

第三节　案例分析与主要发现

本书首先对从 6 家样本企业收集到的数据开展初步分析和整理，并以此为基础对每家样本企业的商业模式、技术创新、创新绩效开展详细的描述和分析，最终得到结构化、编码化的数据，为进一步开展案例间变量关系的解构和重构做好准备。

一、商业模式

本书通过对样本企业开展案例分析，发现商业模式可以帮助企业发现市场潜在需求。良好的商业模式设计能够及时提出与市场新需求相吻合的价值定位，整合产业链资源开展价值创造，并很好地实现价值获取，还发现企业在同一个时期存在效率和新颖两种商业模式的特征，而且其中起主导作用的商业模式在企业的不同发展阶段会随着时间和外部环境的影响而改变。6 家样本企业的商业模式特征：B 服装设计服务公司是效率型商业模式占主导，A 安全防护技术服务公司和 C 化工技术服务公司是新颖型商业模式占主导，D 物流技术服务公司、E 电梯技术服务公司和 F 通信技术服务公司在不同发展阶段分别由不同类型的商业模式占主导，具体如表 4－4 所示。

表 4－4　　样本企业商业模式

样本企业	主导商业模式	商业模式的细节
A 安全防护技术服务公司	新颖型商业模式（1998～2020 年）	该公司从零开始涉足安全行业，逐步扩大到现在拥有全系列产品，已经从一个简单的制造商转变为面向全球的行业问题解决方案提供商。该公司现在设计了“技术＋定制化服务”的商业模式，能够很好地满足客户价值需求，实现自身价值和获取客户
B 服装设计服务公司	效率型商业模式（1995～2020 年）	公司实现资源共享、网络管理。通过建立电子商务平台实现产业链内的信息共享。公司通过效率一体化，提高了商品流通速度，降低了物流成本

续表

样本企业	主导商业模式	商业模式的细节
C 化工技术服务公司	效率型商业模式（1994～2020 年）	通过构建制造服务平台，利用第四方物流和现代信息技术进行虚拟制造，公司也从贸易商转变为经营者，但是公司整合资源的能力和区域协调性很低，为产业链提供的金融服务很少，主要承担产业链上的商品流通服务，赚取商品流通价差
D 物流技术服务公司	效率型商业模式（1991～2000 年）	公司通过组建自己的物流车队，为外部企业提供物流外包服务，通过高质量的物流服务帮助其他企业降低物流成本
	新颖型商业模式（2001～2020 年）	公司通过搭建一站式物流服务平台，集物流载体、物流服务为一体，满足产业链中企业的物流需求，从而培育具有孵化功能的物流交易市场，促进一批小企业的发展
E 电梯技术服务公司	新颖型商业模式（1991～2005 年）	该公司已从一家电梯制造商逐步转变为一家电梯维修公司，不仅为客户提供电梯产品，还提供定制化的维修服务和问题解决方案，服务已经成为公司的核心竞争力之一
	效率型商业模式（2006～2020 年）	公司建立统一的呼叫中心和客户管理系统，通过整合呼叫热线、远程监控系统、客户管理系统、技术支持系统等，整合了产业链的各个环节。该系统成为公司和客户之间的重要纽带，为客户提供全方位、全天候高效的专业服务
F 通信技术服务公司	效率型商业模式（2009～2011 年）	该公司根据产品特点选择了三个关键目标市场，在每个目标市场都培养了关键的合作客户。公司派遣技术人员到客户企业及时提供有效的技术支持，通过和客户密切沟通及时了解客户需求，并针对自身产品的不足进行优化，从而把握市场需求的最新变化
	新颖型商业模式（2006～2008 年，2012～2020 年）	公司不断寻找优质合作伙伴开拓新市场，与多个政府部门、跨国公司建立战略合作伙伴关系，一方面不断加强技术研究和创新发展；另一方面对服务团队加大建设力度，向市场提供更好的技术支持服务

二、技术创新

技术创新是企业技术进步的重要基础。本书通过对样本企业分析，发现企业新技术的来源主要包括自主研发和购买引进两种，企业在不同发展阶段会采取不同技术创新方式，具体如表4－5所示。

表4－5　　　　样本企业技术创新方式

样本企业	技术创新	技术创新的具体内容
A安全防护技术服务公司	自主研发（1998～2020年）	公司非常重视自主研发能力的培育，将公司销售额的7%投资于研发，每年的研发费用是该行业投入最多的，还建立了全球安防行业最大的研发团队
B服装设计服务公司	购买引进（1995～2020年）	尽管该公司有一支研发团队，但新产品的设计和新面料的选择主要参考国际知名品牌。该公司在意大利、日本、法国、韩国设立了时尚信息站，并聘请了香港知名时装设计师
C化工技术服务公司	购买引进（1994～2020年）	公司积极与多家大型国际化工材料供应商建立战略合作伙伴关系，从而获取先进技术和更好的材料供应。公司还与多家国际先进化工公司共建了技术服务平台，聘请跨国公司高级管理人员担任管理顾问，指导公司进行风险管理和控制
D物流技术服务公司	购买引进（1991～2000年）	在考察国内物流企业的基础上，借鉴国外物流信息化的经验，开展物流信息化平台建设
	自主研发（2001～2020年）	公司加强自主研究，发展和建立品牌以及新的第四方物流信息平台。整个过程经历了信息化探索、运营优化的几个阶段，提高信息化建设

续表

样本企业	技术创新	技术创新的具体内容
E 电梯技术服务公司	购买引进（1991～2020 年）	尽管该公司已经建立了一个研究和开发团队，但是公司的新技术主要来源于购买引进母公司和研究机构的新技术
F 通信技术服务公司	自主研发（2006～2020 年）	公司像一个研发团队一样运作，不断开拓和创新。通过独立研究，公司解决了远程协同视频技术与其他行业的深度融合，成功开发了可视化应用通信产品

三、创新绩效

企业开展技术创新时，其创新结果可以通过创新绩效进行衡量（Xu Ziyan et al.，2021）。创新绩效体现的不只是企业与自身过去相比技术提升的情况，还要考察企业相对于同行企业的技术创新情况（Figueiredo Paulo N，2021）。企业在不同发展阶段，创新绩效会表现出不同的结果，6 家样本企业的创新绩效情况如表 4－6 所示。

表 4－6　　样本企业创新绩效情况

样本企业	发展阶段	创新绩效
A 安全防护技术服务公司	1998～2020 年	公司多项关键技术处于国际领先水平，向 100 多个国家的企业提供新产品和问题解决方案，销售额在 11 年内增长了 256 倍，已经成长为全球安全行业的领先公司。由于公司持续进行技术创新，公司员工的工作效率逐年显著提高

续表

样本企业	发展阶段	创新绩效
B 服装设计服务公司	1995～2020 年	公司可以根据服装潮流的变化更新服装款式和季节性面料，有时会率先推出新款服装和比同类产品更新颖的面料。虽然没有实现大规模销售，但是市场利润丰厚，其产品已被许多客户所接受，并带来了良好的销售业绩。该公司员工的工作效率也略有提高
C 化工技术服务公司	1994～2020 年	该公司以虚拟制造的形式将其部分产品推向市场，逐渐转变为运营商。公司员工的工作效率改善甚微
D 物流技术服务公司	1991～2000 年	公司建立的物流信息平台有效地促进了货物的流通，显著提高了第四方物流的水平，客户商品的周转率有了显著提高，吸引了更多的客户前来合作。公司员工的工作效率显著提高
	2001～2020 年	该公司开发了许多符合我国市场的新产品，如公路港口物流。公司不仅开创了新模式，还建立了一站式服务平台，公司各项经营指标实现了快速增长。公司员工的工作效率显著提高
E 电梯技术服务公司	1991～2005 年	公司重构了整个电梯产业链的业务，掌握了最新的电梯技术，不断推出的新产品受到了市场的欢迎，还为全国 20000 多部电梯提供维修服务，其维修技术处于行业领先地位。该公司员工的工作效率迅速提高
	2006～2020 年	公司在电梯节能方面的技术进步迅速，与世界上最先进企业相比差距很小，还将购买的技术与我国市场的特点相结合，生产出我国最先进的节能电梯。该公司用最短的时间跟上了该行业的两项重要技术变革，现在是国内电梯产量和销量最大的公司。该公司员工的工作效率迅速提高

续表

样本企业	发展阶段	创新绩效
F通信技术服务公司	2006～2008年	一年内公司成功研发出全球领先的远程协同电子白板，并推出了可视化的远程协同施工平台，这些新产品帮助公司快速实现盈利。新产品开发成功能够迅速部署在全国十几个中心城市的服务器上。公司员工的工作效率迅速提高
	2009～2011年	现阶段公司的技术研究和发展完全停滞，导致公司的产品无法满足客户的新需求，客户的问题往往得不到很好的解决。公司陷入危机，员工的工作效率停滞不前
	2012～2020年	该公司开发了一系列世界领先的远程协作视频技术，新产品更实用、灵活，价格低于同行业其他公司。该公司员工的工作效率也得到了迅速提高

第四节 跨案例分析与命题提出

本书根据各样本企业的实际情况对其商业模式、创新绩效进行评判和编码，在进行评判和编码的过程中不断咨询学界专家和业界资深人员，使评判和编码结果尽可能科学合理。将企业的创新绩效、商业模式设计的效果从低到高依次分为差、较差、一般、较好、好。差代表企业在同行业中处于落后水平，较差代表企业处于同行业平均水平之下，一般代表企业处于同行业的平均水平，较好代表企业高于同行业平均水平，好代表企业在同行业中处于领先水平。根据案例分析发现，有3家样本企业的商业模式设计在不同的发展阶段经历了很大程度的变化，因此根据样本企业商业模式设计的阶段性变化特点对企业进行阶段划分，具体如表 4 – 7 所示。

表 4 – 7　　样本企业商业模式、技术创新、创新绩效的分析

变量		A 安全防护技术服务公司	B 服装设计服务公司	C 化工技术服务公司	D 物流技术服务公司		E 电梯技术服务公司		F 通信技术服务公司		
		1998 ~ 2020 年	1995 ~ 2020 年	1994 ~ 2020 年	1991 ~ 2000 年	2001 ~ 2020 年	1991 ~ 2005 年	2006 ~ 2020 年	2006 ~ 2008 年	2009 ~ 2011 年	2012 ~ 2020 年
商业模式	效率		一般		较好			好		较好	
	新颖	好		较差		好	好		好		较好
技术创新	自主研发	较好				较好			较好	较好	较好
	购买引进		较好	较好	较好		较好	较好			
创新绩效		好	一般	较差	较好	好	好	好	好	一般	较好

一、商业模式与创新绩效

已有学者的研究结果显示，我国高新技术服务企业的商业模式主要是新颖和效率两种类型。偏重契约精神而淡化人情的新颖型商业模式更注重开拓陌生的市场。由于我国经济转型带来的各种政策性倾向使采用效率型商业模式的企业会有目的地与国有企业开展更为高效的交易。通过对 6 家案例企业的对比分析，发现两种类型的商业模式都能显著地提高企业的创新绩效。传统的技术创新将主要精力放在对行业新技术的吸收和跟踪方面，对商业模式设计的关注度不高。随着全球产业链的形成，信息技术的发展使全球资源的重新配置成为可能，并且更为高效。良好的商业模式设计使企业的创新绩效提升更快，在全球竞争中能够获取竞争优势。

1. 效率型商业模式与创新绩效

效率型商业模式对企业创新绩效具有正向影响。E电梯技术服务公司在2006～2020年借助REM－X系统和客户中心的强大功能与客户建立重要的沟通渠道，借此公司总能准确地发现市场的异常征兆，因此能够及时掌握客户的各种信息和出现的各种技术障碍，不仅缩短了修复时间，还提高了新产品开发速度，极大地促进了新产品的销售。D物流技术服务公司在1991～2000年将自建物流车队的业务从公司内部扩展到公司外，不但降低了自身和客户的物流成本，还为物流技术探索和积累创造了条件，提高了物流效率。B服装设计服务公司虽然使用信息化手段开展连锁门店的经营管理，但是没有很好地实现对服装产业链的整合和信息传递，导致公司无法实现行业的潮流引领，经常需要先观察同行业企业服装的哪种款式和面料受到消费者的普遍欢迎，再借鉴同行的成功做法组织生产。相比于E电梯技术服务公司和D物流技术服务公司，F通信技术服务公司在2009～2011年虽然设计了良好的效率型商业模式，但是没有实现创新绩效的理想结果。本书认为可能是由其他影响因素的作用导致这种情况，所以将在后面作进一步的深入研究。

2. 新颖型商业模式与创新绩效

新颖型商业模式对企业创新绩效具有正向影响。A 安全防护技术服务公司不仅给客户提供高品质的产品，而且借助“产品 + 定制化服务”的模式很好地满足了客户的各种需求，因此能够及时掌握行业最新的市场需求信息，促进新技术的研发和新产品的开发。D 物流技术服务公司在 2001 ~ 2020 年通过前期的物流技术和运营经验的积累，成功开发出了公路港物流的一站式交易中心，据此面向全国物流公司及时发布车源和货源信息。交易中心不但为入驻的企业提供行业资讯，还为企业提供企业管理方面的教育培训和各种问题的解决方案。D 物流技术服务公司不断完善交易中心的服务水平，吸引了大量新的企业入驻该中心。交易中心由最初的 6000 家企业到 2009 年时已经有 2 万多家。E 电梯技术服务公司在 2001 ~ 2005 年采用新颖型商业模式帮助公司从电梯制造商转变为电梯维护商。2001 年公司的主要利润 99% 来自产品销售，到 2010 年时已经转变为以旧电梯改造、电梯维护和零配件销售为主。在此过程中公司还不断开展技术研发，创造出多项发明专利，极大地提升了公司的技术能力。F 通信技术服务公司在 2006 ~ 2008 年处于创业初期，采用新颖型商业模式，不断开拓新合作伙伴，寻求与市场能力强的企业合作，向市场提供价值独特的产品，从而获得了很好的销售额。F 通信技术服务公司在 2009 ~ 2011 年经历短暂的发展停滞后，公司迅速转变商业模式，从原来以提升交易效率为手段的经营模式转变为“产品 + 定制服务”的定制化服务模式，因此公司很快实现快速发展，并促进了公司的技术创新。相反，C 化工技术服务公司在创建制造业服务平台时，虽然开展了虚拟制造，但是没有紧密联系国际市场，满足客户需求的方式也单一，这些因素导致C化工技术服务公司在向运营商转变的过程中落后于行业领先企业。

基于上述分析，本书提出以下研究命题，具体如图4-3所示。

命题1：效率型商业模式正向影响创新绩效。

命题2：新颖型商业模式正向影响创新绩效。

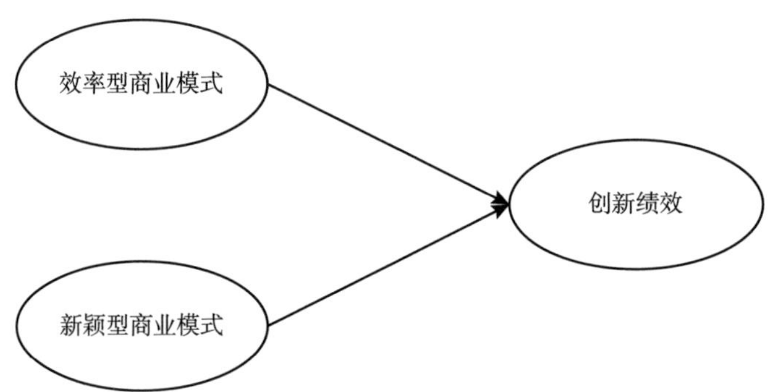

图4-3 关于商业模式和创新绩效的研究假设

二、商业模式与技术创新

良好的商业模式设计有助于企业技术创新，卓有成效的技术创新可以帮助企业进行技术升级。通过对上述6家样本企业的案例内纵向分析和案例间横向分析，发现企业的商业模式与技术创新之间存在着联系。根据商业模式的设计主题和技术创新的类型，可以将两者的关系细分为四种，具体为：效率型商业模式与自主研发、效率型商业模式与购买引进、新颖型商业模式与自主研发、新颖型商业模式与购买引进。商业模式与技术创新之间的不同匹配关系会对企业的技术创新产生不同的影响。在产业链全球化的背景下，自主研发和购买引进是高新技术服务企业技术创新的主要方式和新技术的主要来源。效率型商业模式可以促进企业与外部的信息流动和共享，从而促使企业在技术引进过程中更好地对新技术进行解构和重构，这将有利于企业实现持续的技术创新。新颖型商业模式可以帮助企业不断开拓新技术的来源，而且有利于企业开展新技术的比较和选择，从而提高新产品开发的效率和成功率。

1. 商业模式与自主研发

根据案例分析的结果，新颖型商业模式有利于企业通过自主研发的方式开展技术创新。A 安全防护技术服务公司、D 物流技术服务公司（2001 ~ 2020 年）、F 通信技术服务公司（2006 ~ 2008 年，2012 ~ 2020 年）都是以自主研发的方式开展技术创新。这些公司以自主研发的方式提升公司的技术水平和技术能力，并不断缩小与同行企业的差距。采取自主研发方式开展技术创新的企业需要建立强大的技术研发团队和高效的技术研发平台。新颖型商业模式具有不断开拓创新的特点，一方面，新颖型商业模式可以帮助企业获得市场最新的需求信息和最前沿的技术，从而帮助企业实现技术升级；另一方面，新颖型商业模式也可以帮助企业不断开拓新客户，拓展产品新的销售渠道。新颖型商业模式还可以帮助企业在与原有客户合作过程中创造新的交易方式和新的交易激励机制，提高原有客户与企业合作的积极性。因此，新颖型商业模式可以提高企业在产品议价方面的主动权，并促进产品销售。

通过案例分析发现，6 家样本企业除了 F 通信技术服务公司（2009～2010 年），其他企业在进行技术自主研发时都采用了新颖型商业模式。当企业以自主研发为技术的主要创新方式时，必然需要企业具有一个不断开拓创新的运营氛围。D 物流技术服务公司在分析市场时发现国外类似的物流服务平台主要以政府服务的形式存在，不具有市场灵活性，希望公司的物流服务平台能够为客户提供更多的服务内容，所以该公司决定自主研发第四方物流服务平台。D 物流技术服务公司认为，此时如果采取效率型商业模式将无法实现研发目标。A 安全防护技术服务公司始终坚持采取自主研发的方式开展技术创新，当公司采用以追求交易效率提升为特点的效率型商业模式时，发现公司的技术创新越来越困难，但是当公司及时转变为新颖型商业模式时，帮助公司实现了由最初的产品制造商转变为面向全球的问题解决方案提供商，实现了技术和服务的完美结合，并促使公司新产品实现了快速销售。

F 通信技术服务公司经历了三个不同的发展阶段。虽然公司一直坚持自主研发新技术，但是由于在不同阶段采取了不同的商业模式，导致公司在不同阶段的技术创新效果不同。2006～2008 年，F 通信技术服务公司采取新颖型商业模式，将主要精力专注于技术研发和新产品开发方面，并不断开拓新的商业合作伙伴帮助公司进行产品销售。此阶段的公司就像一个精干的技术研发小组，不断研发新技术，并转化为新产品，再借助合作伙伴的力量解决市场销售的问题。因此，该阶段 F 通信技术服务公司通过新颖型商业模式让公司专注技术研发，将市场销售问题交给开拓的商业伙伴，从而帮助公司在短期内快速成长起来。2009～2011

年，F 通信技术服务公司采用效率型商业模式，注重提高公司与客户之间的交易效率，因此公司派遣了大量的技术人员到各地的重要客户企业进行长期驻点，以便能够快速地帮助客户解决技术问题，并及时地将客户信息反馈给公司总部。此阶段，虽然公司与客户之间的沟通效率提高了，但是由于技术人员的大量外派，导致公司的技术研发力量减弱，技术创新的效率和效果下降，产品的技术升级被迫放缓。好在公司管理层很快认识到问题的严重性，在 2012 ~ 2020 年公司迅速调整为新颖型商业模式，快速将公司的市场、研发、产品、销售、客户紧密联系起来，帮助公司构建起“技术 + 服务”的定制经营模式。新颖型商业模式一方面加快了新技术的研发和新产品的开发，另一方面快速扩张了市场，促进了产品销售。

基于上述分析，本书提出以下研究命题，具体如图 4 - 4 所示。

命题 3：新颖型商业模式正向影响自主研发。

命题 4：效率型商业模式负向影响自主研发。

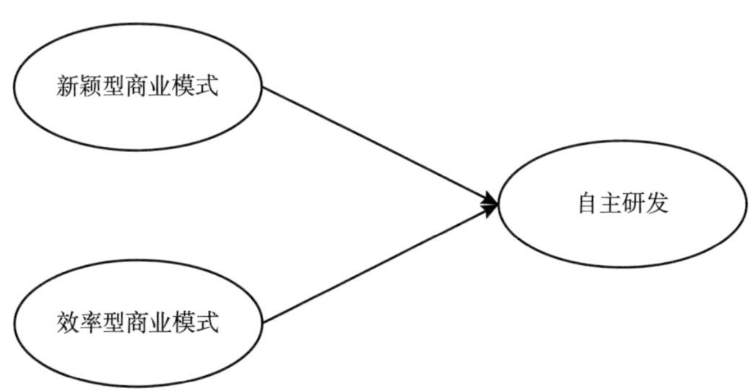

图 4 - 4　关于商业模式和自主研发的研究假设

2. 商业模式与购买引进

通过案例分析，本书发现效率型商业模式、新颖型商业模式有利于企业通过购买引进开展技术创新。4 家样本企业采用了购买引进的方式开展技术创新，无论采取效率型商业模式还是新颖型商业模式都在技术创新方面取得了不错的效果。B 服装技术服务公司和 C 化工技术服务公司的商业模式设计方案不是很优秀，导致两家公司在技术创新方面的表现属于 6 家案例企业的中等偏下水平。D 物流技术服务公司和 E 电梯技术服务公司由于商业模式设计方案优秀，这两家企业技术创新的效果都非常好。

购买引进的主要方式有：与其他企业合资、引进外部人才、购买外部技术、与外部机构合作研发，以及从公共信息平台获取技术等。效率型商业模式具有帮助企业与合作伙伴加强信息共享和流动，提升企业交易效率的特点。效率型商业模式的特点有利于企业加强技术引进的管理，提高技术提供方与企业的紧密程度，从而提高企业新产品的开发效率和成功率。新颖型商业模式在帮助企业不断开拓新合作伙伴时，也帮助企业获得更多的新技术来源，从而能够以成本更低的方式获取新技术。

本书从 E 电梯技术服务公司不同阶段的发展过程发现，两种商业模式都有利于企业以购买引进的方式开展技术创新。E 电梯技术服务公司是一家由总部控股 80% 的子公司，主要新技术都来源于母公司，少量的技术来源于和大学的合作研发。E 电梯技术服务公司在 2001 ~ 2005 年以新颖型商业模式为主导，在此阶段公司实现了从制造商向维护商的转变。公司在初期不断探索新业务和新模式，逐步增加维修服务占公司业务的比重。公司也非常注重对母公司新技术的消化吸收，快速地提升公司的技术能力。2002 年 E 电梯技术服务公司率先在中国推出节能 44% 的无齿轮电梯，技术达到世界先进水平。E 电梯技术服务公司在 2006 ~ 2020 年将商业模式转变为以效率型商业模式为主导。因为公司可以从母公司快速获取新技术，所以公司将主要精力放在完善服务系统方面，通过建立强大的客服中心和配件供应网络，加强了与客户的信息交流。这些改变提高了公司与客户之间的交易效率，极大地促进了公司业务的发展。

基于上述分析，本书提出以下研究命题，具体如图 4 – 5 所示。

命题 5：新颖型商业模式正向影响购买引进。

命题 6：效率型商业模式正向影响购买引进。

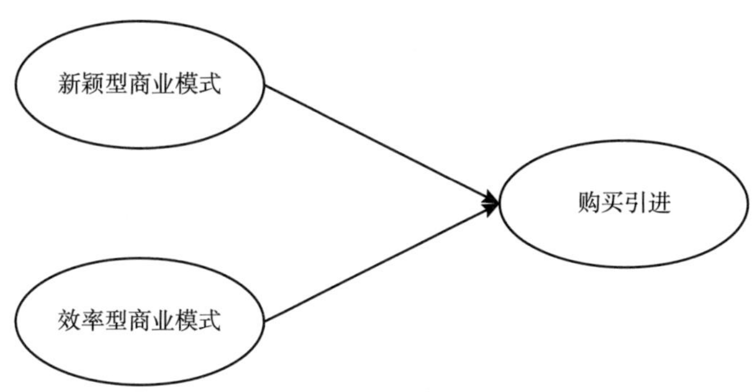

图 4 – 5　关于商业模式与购买引进的研究假设

三、技术创新与创新绩效

本书通过案例分析发现，无论企业采取自主研发，还是购买引进的方式开展技术创新，都有助于企业创新绩效的提高。自主研发有利于企业对已有知识和技术的掌握，并减少企业研发的风险，提高企业新产品研发的成功率，对企业技术能力的提升具有促进作用（Lee K H & Min B，2015）。因此，自主研发能对企业创新绩效产生积极的作用。发展中地区企业对技术创新的关注点与发达地区企业的关注点不同，更加重视以购买引进的方式开展技术创新，从外部购买引进新技术成为企业获取技术的重要途径（Thite M et al.，2016）。购买引进通过购买的方式从外部获取创新技术，可以为企业降低研发风险，减少研发成本和时间，以获得技术研发的后发优势。购买引进可以帮助企业增强技术研发方面的柔性，开展多方向的技术创新，从而快速适应环境的变化（Katila R & Ahuja G，2002）。发展中地区企业通过购买引进可以实现对产业最新技术的快速学习，快速提升企业产品的技术水平（杨丽君，2020），从而提高企业的创新绩效（彭新敏等，2011）。A 安全防护技术服务公司在 1998～2020 年，D 物流技术服务公司在 2001～2020 年，F 通信技术服务公司在 2007～2008 年、2011～2020 年都以自主研发的方式开展技术创新，并获得了很好的创新绩效。B 服装设计服务公司在 2001～2020 年，D 物流技术服务公司在 1991～2000 年，E 电梯技术服务公司在 2001～2020 年以购买引进的方式开展技术创新，同样获得了非常不错的创新绩效。

基于上述分析，本书提出以下研究命题，具体如图 4-6 所示。

命题 7：购买引进正向影响创新绩效。

命题 8：自主研发正向影响创新绩效。

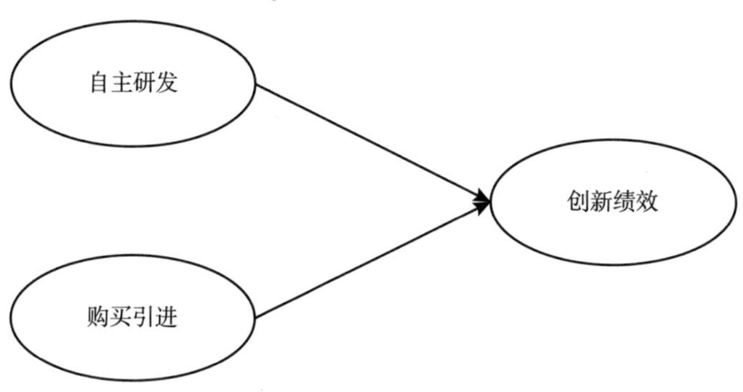

图 4－6　关于技术创新与创新绩效的研究假设

第五节　本部分研究总结

本部分运用探索性案例研究方法，分析了我国经济背景下高新技术服务企业商业模式对创新绩效的影响机制。从我国获得认证的高新技术服务企业名单中选择了 6 家具有代表性的样本企业，既对每个样本企业开展了案例内纵向分析，也对 6 家样本企业开展了案例间的对比分析。通过对案例开展横向和纵向对比分析，识别了我国高新技术服务企业的商业模式主导类型和技术创新的主要方式，并提出了概念模型（见图 4－3 ~ 图 4－6）和 8 个研究命题（见表 4－8）。研究命题主要包括 3 个方面：商业模式对创新绩效的影响、商业模式对技术创新的影响，以及技术创新对创新绩效的影响。

探索性案例研究方法主要用于事物的因果关系不明确、变量之间关系复杂多变的情况，有助于在研究初期分析变量之间的关系。由于样本企业本身存在特殊性，所以案例研究的结果只是一个初步的探索性研究命题。该研究结论只在特定范围和情况下具有解释性，不具备理论的普适性。本书将在接下来的研究中进一步通过已有研究文献和大样本数据对这些研究命题开展实证检验。

表 4-8　　研究命题汇总

序号	研究命题
命题 1	效率型商业模式正向影响创新绩效
命题 2	新颖型商业模式正向影响创新绩效
命题 3	新颖型商业模式正向影响自主研发
命题 4	效率型商业模式负向影响自主研发
命题 5	新颖型商业模式正向影响购买引进
命题 6	效率型商业模式正向影响购买引进
命题 7	购买引进正向影响创新绩效
命题 8	自主研发正向影响创新绩效

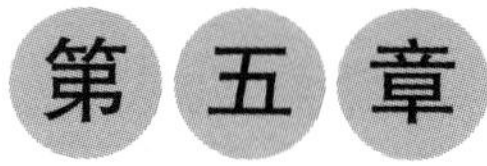

第五章 技术创新在商业模式和创新绩效之间的中介效应

通过上述探索性案例研究，本书提出了有关商业模式对创新绩效影响的 8 个命题。本部分内容将在此基础上，依据组织构型理论、权变理论对商业模式影响创新绩效的内在机理开展深层次的理论探讨。本部分将提出理论假设和概念模型，并通过大样本数据开展实证研究。

第一节 研究目的

根据组织构型理论的研究成果，企业的创新绩效受到企业内部技术、组织机构、资源配置的影响（Sun Shiwei et al.，2020）。企业的技术创新方式体现了企业在技术方面的制度设计。企业的商业模式设计体现了企业在组织结构和资源配置方面的设计。因此，结合商业模式和技术创新研究企业的创新绩效是合理的。商业模式、技术创新、创新绩效三者之间相互作用的机制则是本书需要深入研究的问题。

本部分的第一个研究目标是实证分析商业模式对创新绩效的影响。学者们的已有研究成果都已经认同商业模式对企业的竞争优势具有重要的影响作用（Morris M et al.，2005）。虽然已有学者使用实证研究方法得出商业模式正向影响企业创新绩效（罗兴武等，2018），但是已有的研究成果主要关注经济发达地区，缺乏对发展中地区的关注。企业的竞争优势具有多样性，但是将商业模式与创新绩效结合分析的研究比较少。因此，本部分将在已有研究成果基础上构建商业模式对创新绩效影响的理论模型，并使用大数据样本开展实证分析。

本部分的第二个研究目标是实证分析技术创新的中介效应。过去大量研究成果表明，技术创新是企业创新绩效的重要影响因素（董平、周小春，2018）。商业模式与技术创新对创新绩效的影响机制成为学者们研究的关注点。除了佐特和阿米特（2007）外，很少有学者涉及商业模式与技术创新之间的互相作用机制。因此，本部分将在已有研究成果的基础上构建商业模式、技术创新和创新绩效三者之间的中介效应模型，并使用大数据样本开展实证分析。

第二节 研究假设

本书围绕商业模式对创新绩效的影响机制，梳理了已有的相关研究文献，并以已有研究成果为基础，推导研究假设。该部分内容将为后面的实证研究做好准备。

一、商业模式与创新绩效的关系

良好的商业模式设计能够帮助发展中地区的企业克服后发劣势，并发挥后发优势以实现比发达地区企业更高的创新绩效。商业模式可以解释发展中地区企业为什么能够在资源匮乏的情况下超越发达地区企业。良好的商业模式设计能够帮助企业提高技术创新的经济产出比，实现创新绩效的快速提高，可以帮助企业广泛吸收外部技术和知识，也能够促进企业积极创造新知识。因此，企业能够快速吸收、使用和改进技术，从而实现创新绩效的不断提升。

组织构型是各种设计元素的汇集。组织构型的独立性使其成为模式（Meyer A D et al.，1993）。组织构型是一个互相依赖的复杂系统（Miller D，1996），是以某一主题将各种组织元素连接起来（Miller D，1996）。组织构型解释了组织整体的结构和各种设计元素。因此，组织构型理论不仅可以描绘企业的商业模式设计，而且能够为商业模式测量提供一个非常有效的研究起始点（吕鸿江等，2016）。组织构型是一个变量，而不是理想模型的偏差（Miller D，1996），因此商业模式可以使用组织构型理论进行描绘和测量。商业模式以某种主题将组织内的各种元素进行编排或连接，通过提高客户的购买意愿、降低合作伙伴的成本等，从而创造更多的价值（Zott C & Amit R，2007）。

米勒（1996）、佐特和阿米特（2007，2008）都采用了新颖型商业模式和效率型商业模式将组织的各种元素结合起来。新颖型商业模式和效率型商业模式是环境不确定条件下企业采用的主要商业模式类型（Zott C & Amit R，2007）。现代服务企业的一个重要支撑就是广泛使用信息技术（吴朝晖等，2013）。本书的研究对象是我国境内的高新技术服务企业。高新技术服务企业大量使用先进的信息技术，通过良好的商业模式设计充分发挥先进信息技术的各种优势，并以此开展价值创造。高新技术服务企业在发展过程中同样面临着外部环境的不确定性。因此，本书涉及的商业模式设计主题也主要为效率型商业模式和新颖型商业模式。新颖型商业模式和效率型商业模式两种设计主题相互之间不会排斥，在一家企业可能同时存在两种商业模式（Kim S K & Min S，2015），但在具体的时间段某一种主题的商业模式会占据主导地位（Zott C & Amit R，2007）。因此，本书根据上述理论描述提出总体假设：商业模式会对企业创新绩效产生显著的正向影响。

1. 效率型商业模式与企业创新绩效的关系

组织交易效率的提升可以帮助企业获取更多的价值（Zott C，2003）。效率型商业模式主要是促进企业交易效率的提高，而不是提升企业产出的有效性（Zott C & Amit R，2008），其核心是减少企业与合作伙伴之间的交易成本（Zott C & Amit R，2008）。企业的交易成本主要有间接成本和直接成本（Lucking Reiley D & Spulber D F，2001）。效率型商业模式通过降低信息的不确定性、复杂性，可以帮助企业降低交易成本、交易风险（Lucking Reiley D & Spulber D F，2001），还可以帮助企业提高交易环节的效率（Zott C & Amit R，2007）。

效率型商业模式可以帮助企业降低交易的不确定性和复杂性，提高交易者之间联系的紧密程度，从而降低交易成本（周菊、陈欣，2019）。效率型商业模式的上述特征又将提高企业合作伙伴之间的转换成本，从而提高交易伙伴之间的黏性（Zott C & Amit R，2007）。当企业通过效率型商业模式提高交易者之间的黏性时，又能够帮助企业利用技术知识溢出过程的后发优势，从而促进企业的知识创造。效率型商业模式有助于提高交易者之间信息的流通，帮助企业在信息溢出过程广泛吸收外部知识（Zott C & Amit R，2007），通过降低交易成本、提高交易有效性发挥企业的竞争优势，从而促进企业创新绩效的提高。

根据上述分析，本书提出如下假设。

H1：效率型商业模式对企业创新绩效具有显著的正向影响。

2. 新颖型商业模式与企业创新绩效的关系

新颖型商业模式的特征是帮助企业不断开拓新的合作伙伴，或者创造新的交易方式（Zott C & Amit R，2008）。因此，企业可以通过新的交易方式与原有合作伙伴共同获取更多的价值，或者开拓新市场，与新的合作伙伴共同获取新的价值（Zott C et al.，2011）。企业商业模式设计的新颖性越高，其客户、合作伙伴的转换成本越高（Zott C & Amit R，2007）。新颖型商业模式通过开拓新的合作伙伴、新的交易机制帮助企业发挥自身优势开展技术创新，从而提高创新绩效（Osterwalder A et al.，2011），一方面可以促进企业的技术投入产出比，另一方面可以促进企业广泛吸收外部知识，并创造新知识。

根据上述分析，本书提出如下假设。

H2：新颖型商业模式正向影响创新绩效。

二、商业模式与技术创新的关系

良好的商业模式设计是企业获取竞争优势的重要来源（Teece D J，2018），会影响技术创新成果的商业化效果（吴晓波等，2013）。技术创新是企业价值创造过程的潜在投入因素，影响企业的经济产出（Chesbrough H & Rosenbloom R S，2002）。良好的商业模式设计可以帮助企业在开展交易的过程发现新的需求，并促进企业不断加强技术创新，以便更好地满足客户（Hart & Christensen，2002）。企业的商业模式会影响企业对技术知识的获取效果。良好的商业模式设计不仅可以促使企业创造新知识，而且可以帮助企业从外部广泛吸收知识（刘洋等，2014），帮助企业有效吸收、使用和改进已有技术，并创造新技术，开发更多的新产品（Dutrenit，2004）。

根据新技术的来源可以将企业的技术创新方式分为自主研发和购买引进两种（Veugelers & Cassiman，1999）。因此，本书将分析两种商业模式设计主题与两种技术创新方式之间的关系。自主研发和购买引进两种技术创新方式之间不会排斥，在一家企业可能同时存在两种技术创新方式，但在具体的时间段某一种技术创新方式会占据主导地位（肖利平、谢丹阳，2016；汤萱，2016）。

1. 效率型商业模式与自主研发的关系

效率型商业模式强调企业降低交易成本（Zott C & Amit R, 2007）。自主研发需要企业投入大量的创新成本（Veugelers & Cassiman, 1999）。虽然上述两者涉及的成本是不同的，但是两者在企业运营过程将产生矛盾，一方面，自主研发需要企业在交易过程中不断拓展新市场、新客户，并吸收新的技术信息（Zott C & Amit R, 2007）；另一方面，效率型商业模式要求企业在交易过程中不断减少冗余信息，降低交易成本，从而提高交易效率。因此，当自主研发和效率型商业模式同时存在于一个企业时，必然产生相互制约。

根据上述分析，本书提出如下假设。

H3：效率型商业模式负向影响自主研发。

2. 效率型商业模式与购买引进的关系

采取购买引进方式进行技术创新的企业强调降低技术创新的时间和经济投入（Veugelers & Cassiman, 1999）。效率型商业模式具有降低交易成本、提高交易效率的特点（Zott C & Amit R, 2008）。如果企业长期关注如何降低经营活动的成本，企业将在降低成本方面会更有技巧（Zott C & Amit R, 2008）。因此，效率型商业模式可以帮助企业在购买引进时降低成本，提高交易效率。效率型商业模式具有降低交易不确定性和风险的特点，可以帮助企业降低购买引进的不确定性，从而提高企业适应技术环境的能力（Katula & Ahuja, 2002）。效率型商业模式具有加强企业与合作伙伴黏性的特点，有利于企业在购买引进时更好地利用信息溢出效应，搭上新技术发展的便车。因此，效率型商业模式有利于企业通过购买引进从外部获取新技术，提高企业技术创新能力。

根据上述分析，本书提出如下假设。

H4：效率型商业模式对购买引进具有显著的正向影响。

3. 新颖型商业模式与自主研发的关系

新颖型商业模式具有不断开拓新交易渠道、开发新交易伙伴、创造新交易机制的特点（Zott C & Amit R，2007）。新颖型商业模式的这些特点可以帮助企业获取更多的外部信息，从而帮助企业更快地学习和掌握外部的新知识。因此，新颖型商业模式可以帮助企业降低自主研发过程的试错风险，有利于企业形成不断开拓创新的经营氛围，而创新氛围有利于自主研发的开展。新颖型商业模式和自主研发都聚焦于创新，有助于相互之间效果的加强。

根据上述分析，本书提出如下假设。

H5：新颖型商业模式正向影响自主研发。

4. 新颖型商业模式与购买引进的关系

新颖型商业模式具有不断开拓新交易渠道、开发新交易伙伴、创造新交易机制的特点（Zott C & Amit R，2007）。新颖型商业模式的这些特点可以帮助企业接触到新的技术知识来源，从外部环境获取更多的技术知识信息。技术知识来源的多元化使企业实施购买引进时具有更多的选择机会。新颖型商业模式使企业具有相对较高的信息资源优势，通过比较不同技术来源的新技术降低购买引进的成本和风险。因此，新颖型商业模式可以帮助企业购买引进时降低成本，减少试错的风险，提高技术引进的成功概率。

根据上述分析，本书提出如下假设。

H6：新颖型商业模式正向影响购买引进。

三、技术创新与企业创新绩效的关系

技术创新为企业的创新发展提供主要的动力来源，对企业的创新绩效具有重要的影响（Marco Di Cintio et al.，2017）。在动态的竞争环境，企业的技术创新能力和创新流程可能出现不适应情况，因此企业技术创新对动态环境的适应能力是保障企业稳定发展的重要条件（董平、周小春，2018）。根据新技术的来源可以将企业的技术创新方式分为自主研发和购买引进两种（Veugelers & Cassiman，1999）。本部分将分析自主研发和购买引进两种技术创新方式对创新绩效的影响。

1. 自主研发与企业创新绩效的关系

企业采取自主研发的方式开展技术创新对企业的创新绩效具有显著的正向影响（Ernst & Kim，2002；吴晓波、李思涵，2020），可以提高企业对现有技术知识的掌握能力，降低企业新技术研发失败的风险（Katila & Ahuja，2002；杨丽君，2020）。因此，自主研发可以促进企业技术能力的发展，提高新产品开发的成功率，对企业创新绩效产生积极作用（Katila & Ahuja，2002）。自主研发更重视企业自身努力，强调自身能力的提升

（杨丽君，2020）。因此，企业在技术创新方面具有更强的自主权，降低外部环境对企业技术发展的制约（杨丽君，2020）。自主研发更有利于企业掌握核心技术，有利于企业快速跟上新的技术变革（吴晓波等，2009；范德成等，2020）。

根据上述分析，本书提出如下假设。

H7：自主研发正向影响创新绩效。

本书根据假设 H1、H3、H7，进一步提出如下假设。

H7a：自主研发在效率型商业模式与创新绩效的关系中产生中介效应。

本书根据假设 H2、H5、H7，进一步提出如下假设。

H7b：自主研发在新颖型商业模式与创新绩效的关系中产生中介效应。

2. 购买引进与创新绩效的关系

发展中地区企业技术创新的关注点与发达地区企业不同，发展中地区企业主要以购买引进的方式开展技术创新（Wu X et al.，2010；吴利学、曾昭睿，2020）。企业以购买引进的方式开展技术创新对创新绩效具有显著的正向影响（吴晓波等，2009；张杰等，2020）。对于很多发展中地区企业而言，自主研发的高成本是无法承担的。因此，企业从外部获取新技术就成为技术创新的重要方式（Veugelers R & Cassiman，1999）。购买引进强调企业对外部技术知识的获取，有利于企业降低技术创新方面的时间和经济成本（Veugelers & Cassiman，1999；杨丽君，2020）。购买引进可以帮助企业同时发展多个技术方向，增加企业的组织柔性，有利于企业快速地适应技术环境变化（Katila & Ahuja，

2002；Guan J C & Liu N，2016）。因此，企业可以通过购买引进快速引进新技术，提升企业的技术水平和创新能力（邹文卿、王一茹，2020），有利于企业创新绩效的提高（彭新敏等，2011；Kaiser U et al.，2018）。

根据上述分析，本书提出如下假设。

H8：购买引进正向影响创新绩效。

本书根据假设 H1、H4、H8，进一步提出如下假设。

H8a：购买引进在效率型商业模式与创新绩效的关系中产生中介效应。

本书根据假设 H2、H6、H8，进一步提出如下假设。

H8b：购买引进在新颖型商业模式与创新绩效的关系中产生中介效应。

本书依据已有研究文献对商业模式、技术创新和创新绩效之间的关系开展深入分析，根据佐特和阿米特（2007）的研究成果将商业模式分为新颖型商业模式、效率型商业模式两种主题，并分别探讨了两种商业模式对创新绩效的影响。根据沃格勒和卡西曼（1999）的研究成果将技术创新根据新技术的来源分为自主研发和购买引进两种方式，并分别探讨了两种技术创新方式对创新绩效的影响。本书分别探讨了两种商业模式设计主题与两种技术创新方式之间的关系。本书根据上述分析提出了 12 个研究假设，如表 5－1 所示，还根据上述分析构建了商业模式对创新绩效影响的假设模型，具体如图 5－1 所示。

表 5-1　　研究假设

序号	研究假设
H1	效率型商业模式对企业创新绩效具有显著的正向影响
H2	新颖型商业模式正向影响创新绩效
H3	效率型商业模式负向影响自主研发
H4	效率型商业模式对购买引进具有显著的正向影响
H5	新颖型商业模式正向影响自主研发
H6	新颖型商业模式正向影响购买引进
H7	自主研发正向影响创新绩效
H7a	自主研发在效率型商业模式与创新绩效的关系中产生中介效应
H7b	自主研发在新颖型商业模式与创新绩效的关系中产生中介效应
H8	购买引进正向影响创新绩效
H8a	购买引进在效率型商业模式与创新绩效的关系中产生中介效应
H8b	购买引进在新颖型商业模式与创新绩效的关系中产生中介效应

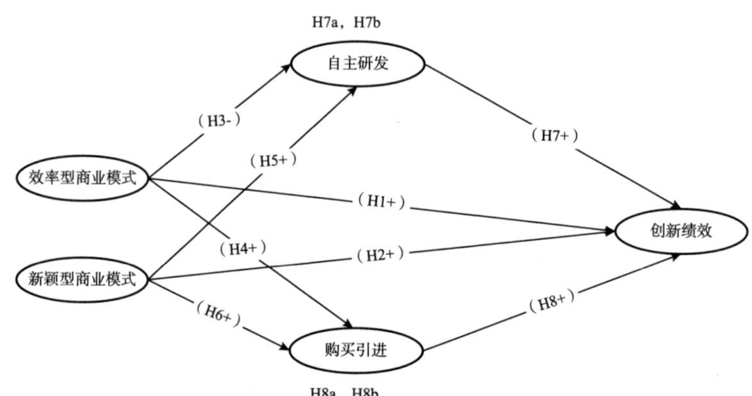

图 5-1　商业模式对创新绩效影响的假设模型

第三节　变量测度

根据研究假设，涉及的变量有效率型商业模式、新颖型商业模式、自主研发、购买引进和创新绩效。本书通过梳理已有文献的相关量表，选择了经典实证研究的成熟量表作为本书变量的量表。

1. 商业模式测度

佐特和阿米特（2007）通过对电子商务企业开展实证研究，从跨组织边界视角构建了“商业模式”概念，并开发了效率型商业模式和新颖型商业模式的量表。佐特和阿米特（2008）还使用自己开发的量表对商业模式与企业战略的匹配问题开展了实证研究。陈琦（2010）引用佐特和阿米特（2007）开发的效率型商业模式和新颖型商业模式量表对我国电子商务企业的商业模式开展了实证研究。佐特和阿米特开发的效率型商业模式和新颖型商业模式量表得到了学者们的广泛认同。本书的研究对象高新技术服务企业与佐特和阿米特开发商业模式量表时的研究对象电子商务企业之间具有很多共同特征。很多高新技术服务企业就是电子商务企业，而且本书的核心研究问题与佐特和阿米特当时的研究问题具有相同的性质。因此，本书采用佐特和阿米特开发的效率型商业模式与新颖型商业模式量表开展调查研究。因为本书调查访问的对象主要以汉语作为交流语言，所以本书对佐特和阿米特开发的量表进行了汉语翻译。本书严格按照实证研究的要求设计效率型商业模式和新颖型商业模式的量表，具体内容如表5－2所示。

表5－2　　　　商业模式

变量	题项
效率型商业模式	贵公司的商业模式设计有助于企业降低经营成本（即营销成本、交易处理成本、通信成本等）
	贵公司的商业模式设计帮助企业简化了交易程序，使合作伙伴认为与贵公司进行交易活动简单易行
	贵公司的商业模式设计帮助企业降低了交易过程的出错率
	贵公司的商业模式设计帮助合作伙伴减少了经营成本（即营销成本、交易处理成本、通信成本等）
	贵公司的商业模式设计使企业与合作伙伴的交易程序具有很强的扩展性（比如，企业可以同时处理大量不同规模的交易）
	贵公司的商业模式设计使企业的经营决策更为科学合理
	贵公司的商业模式设计使交易过程更为透明，使交易过程的信息、服务和产品的使用及交付更容易被查询
	作为交易的一部分，向参与者提供信息，以减少他们之间关于产品质量信息不对称的程度
	贵公司的商业模式设计使交易双方能更好地获得彼此的信息
	贵公司的商业模式设计使企业获得各种各样的商品、服务、信息和其他参与者
	贵公司的商业模式设计使交易参与者能够获取更多的需求信息
	贵公司的商业模式设计支持企业快速开展交易活动
	贵公司的商业模式设计整体提高了企业交易的效率

续表

变量	题项
新颖型商业模式	贵公司的商业模式设计帮助企业以新的方式实现了信息、产品，以及服务的结合
	贵公司的商业模式设计帮助企业开拓了新的业务合作者
	贵公司的商业模式设计向交易参与者提供了新颖的激励措施
	贵公司的商业模式设计帮助企业接触到不同的合作者和产品
	该商业模式以新颖的方式将参与者与交易联系起来
	贵公司的商业模式设计增强了交易双方联系方式的丰富性（包括联系的质量和深度）和新颖性
	贵公司的商业模式设计帮助企业获得了更多的技术创新
	贵公司的商业模式建立在商业机密或专利基础之上
	贵公司的商业模式是行业的领先者
	贵公司不断对商业模式进行改进和创新
	竞争对手的商业模式有可能超越贵公司的商业模式
	贵公司的商业模式还存在着改进的可能性
	整体来说贵公司的商业模式是新颖的，具有创新性

2. 技术创新测度

郭斌等（2013）研究创新战略与技术创新关系时分别对自主研发和购买引进开展了实证研究，采用了《中国科技统计年鉴》的评价指标对技术创新开展测量，自主研发的测量指标包括科学家和工程师占员工数量比例、技术开发经费内部支出总额占销售收入比率、技术开发人员占员工数量比例，购买引进的测量指标包括购买国内技术经费比率、其他技术活动经费支出中的技术引进经费比率、消化吸收经费比率。沃格勒和卡西曼（1999）对购买引进和自主研发开展实证研究时使用“如果企业有研发且研发预算为非负的”来判断企业的技术创新方式是自主研发，使用“如果企业的技术是通过授权、研发合同、咨询、从其他企业购买或雇佣技术员工获得的”来判断企业的技术创新方式是购买引进。张宏云（2007）在研究企业创新战略时使用“技术来源主要是靠自身研发”和“技术来源主要是靠购买引进”来判断企业的技术创新方式。弗里亚和霍格沃茨（1985）使用多题量表测量企业的技术创新方式。依据创新信息来源判断企业技术创新方式是一个复杂的过程，更适合使用多题量表进行测量。郭斌等的研究对象与本书的研究场景一致。因此，本书参考郭斌等的技术创新测量题项，最终形成了本书的技术创新量表，具体内容如表 5 – 3 所示。

表 5 – 3　　技术创新

变量	题项
自主研发	企业关键技术来源于自主研发（包括与其他企业、大学、研究机构等的合作研发）的百分比高于主要竞争对手
	企业与同行对手相比具有更强的自主研发能力
	企业研发费用占销售额的百分比高于主要竞争对手
	企业研发人员占总员工数的百分比高于主要竞争对手
	企业持续不断地研发新技术、开发新产品
	企业非常重视研发活动

续表

变量	题项
购买引进	企业关键技术来源于技术引进（包括授权、研发合同、顾问公司、并购相关公司和聘用相关技术人员等）的百分比高于主要竞争对手
	企业与同行对手相比具有更强的技术引进能力
	企业技术引进费用占销售额的百分比高于主要竞争对手
	企业经常从外部聘请掌握核心技术的科研人员
	企业经常从外部获得重要的技术或技术的信息源
	企业从外部获得的新技术成为企业的核心技术

3. 创新绩效测度

斯托瑞和凯利（2001）对英国银行、电信、保险、运输和媒体等服务行业154家企业开展了服务企业创新绩效的实证研究。他们提出了测量创新绩效的四个指标：财务效益、客户、内部管理、新服务开发能力。由于本书的研究对象是高新技术服务企业，所以本书的研究对象与斯托瑞和凯利的研究对象相似。因此，斯托瑞和凯利针对服务业开发的创新绩效量表适合本书的研究场景。其他有关创新绩效的量表主要基于制造类型企业开发，不适合于服务类型企业。本书采用斯托瑞和凯利提出的创新绩效量表，形成了本书的创新绩效量表，具体内容如表5－4所示。

表 5－4　　创新绩效

变量	题项
创新绩效	企业创新的新服务项目都能达到预期的经济效益
	企业创新的新服务项目都能让客户感到满意
	企业总是提前于计划时限完成专业服务的开发
	企业开发新服务的成功率很高

第四节　数据收集

本书将 3520 家获得认证的高新技术服务企业从 1 到 3520 编号。根据第 3 章研究方法的抽样分析，本书采用随机数表随机抽取了 80 家企业开展小样本测试。这 80 家企业分布在我国的各个省份。有些企业管理人员不愿意接受现场调查访问，调研团队采用 E-mail 方式向他们发放调查问卷。愿意接受现场调查访问的企业管理人员，调研团队安排调查人员直接到企业开展现场访问。在小样本测试通过之后，再开展大样本数据收集。本书同样使用随机数表从 3520 家企业随机抽取了 600 家企业开展大样本数据收集。小样本测试和大样本数据收集的调查问卷情况如表 5－5 所示。

表 5－5　　　小样本测试和大样本调查的问卷回收情况

类别	问卷发放方式	发放数量（份）	回收数量（份）	有效问卷数量（份）	回收率（%）	有效问卷率（%）
小样本测试	现场调查访问	57	56	54	98.2	94.7
	电子邮件	23	15	13	65.2	56.5
	总计	80	71	67	88.8	83.8
大样本调查	现场调查访问	435	426	406	97.9	93.3
	电子邮件	165	90	83	54.5	50.3
	总计	600	516	489	86.0	81.5

本次小样本测试回收了 67 家样本企业的有效问卷。本书对这 67 家企业的年龄（到 2021 年 6 月 30 日为止）、规模（员工人数）开展了分析，认为这些企业的基本情况符合本次研究对象的要求。在小样本测试之后，使用调整好的调查问卷开展大样本数据收集，总共发放了 600 份调查问卷，除去无效问卷，最终收集到有效问卷 489 份。同样对这 489 家企业的情况进行了分析，认为这些企业的基本情况符合本次研究对象要求，具体情况如表 5－6 所示。

表 5－6　　小样本测试和大样本调查企业基本特征分布情况

类别	控制变量	具体情况	样本数量（家）	百分比（%）	累计百分比（%）
小样本（N＝67）	企业成立时间（年）	＜5	5	7.5	7.5
		6～10	28	41.8	49.3
		11～15	21	31.3	80.6
		＞15	13	19.4	100

续表

类别	控制变量	具体情况	样本数量（家）	百分比（%）	累计百分比（%）
小样本（N=67）	企业员工人数（个）	<100	8	11.9	11.9
		101~300	21	31.4	43.3
		301~1000	23	34.3	77.6
		>1000	15	22.4	100
大样本（N=489）	企业成立时间（年）	<5	39	8	8
		6~10	204	41.7	49.7
		11~15	144	29.4	79.1
		>15	102	20.9	100
	企业员工人数（个）	<100	58	11.9	11.9
		101~300	146	29.8	41.7
		301~1000	204	41.7	83.4
		>1000	81	16.6	100

第五节　数据分析

本书通过随机抽样方法获取了67份小样本调查问卷，据此开展小样本检测调查问卷的信度和效度检测，并根据检测结果完善调查问卷。调查问卷完善之后，再开展大样本数据收集。

一、小样本测试

本部分分别对商业模式、技术创新、创新绩效等变量的量表开展了信度、效度检测，以此检测调查问卷是否可靠和有效。

1. 商业模式量表小样本测试

根据前文所述，本书将企业的商业模式分为效率型商业模式和新颖型商业模式两种设计主题，因此分别对效率型商业模式和新颖型商业模式的量表开展了小样本检测，再根据小样本检测的结果对调查问卷的题项进行调整。

效率型商业模式量表的小样本检测结果。通过对效率型商业模式量表开展信度和效度检测，得出 KMO 值为 0. 709，大于 0. 70，且 Sig. 值为 0. 000，小于 0. 001，Cronbach's Alpha 值为 0. 882，具体分析结果如表 5 – 7 所示。根据分析结果发现，题项“作为交易的一部分，向参与者提供信息，以减少他们之间关于产品质量信息不对称的程度”的项已删除的 Cronbach's Alpha 值为 0. 888，大于效率型商业模式量表整体 Cronbach's Alpha 值 0. 882。因此，效率型商业模式量表需要删除题项“作为交易的一部分，向参与者提供信息，以减少他们之间关于产品质量信息不对称的程度”后重新分析。

表 5 – 7　　效率型商业模式量表小样本测试结果（N = 67）

变量	题项	平均值	标准偏差	项已删除的 Cronbach's Alpha
效率型商业模式	贵公司的商业模式设计帮助企业减少了经营成本（即营销成本、交易处理成本、通信成本等）	5. 45	1. 063	0. 869
	贵公司的商业模式设计帮助企业简化了交易程序，使合作伙伴认为与贵公司进行交易活动简单易行	5. 21	1. 081	0. 876

续表

变量	题项	平均值	标准偏差	项已删除的 Cronbach's Alpha
效率型商业模式	贵公司的商业模式设计帮助企业降低了交易过程的出错率	5.31	1.196	0.872
	贵公司的商业模式设计帮助合作伙伴减少了经营成本（即营销成本、交易处理成本、通信成本等）	5.34	0.978	0.873
	贵公司的商业模式设计使企业与合作伙伴的交易程序具有很强的扩展性（比如，企业可以同时处理大量不同规模的交易）	5.52	1.092	0.875
	贵公司的商业模式设计使企业的经营决策更为科学合理	5.15	1.062	0.870
	贵公司的商业模式设计使交易过程更为透明，使交易过程的信息、服务和产品的使用及交付更容易被查询	5.24	1.046	0.870
	作为交易的一部分，向参与者提供信息，以减少他们之间关于产品质量信息不对称的程度	4.88	1.008	0.888
	贵公司的商业模式设计使交易双方能更好地获得彼此的信息	5.40	1.194	0.865
	贵公司的商业模式设计使企业获得各种各样的商品、服务、信息和其他参与者	5.40	1.194	0.867
	贵公司的商业模式设计使交易参与者能够获取更多的需求信息	5.31	0.972	0.874
	贵公司的商业模式设计支持企业快速开展交易活动	5.55	1.132	0.869
	贵公司的商业模式设计整体提高了企业交易的效率	5.28	1.027	0.879

注：Cronbach's Alpha = 0.882，KMO 值 = 0.709，Sig. = 0.000。

本书将题项“作为交易的一部分，向参与者提供信息，以减少他们之间关于产品质量信息不对称的程度”删除后，对效率型商业模式量表重新开展信度和效度检测，分析得出 KMO 值为 0.709，大于 0.70，Sig. 值为 0.000，小于 0.001，Cronbach's Alpha 值为 0.888，而且所有题项的项已删除的 Cronbach's Alpha 值都小于效率型商业模式量表整体 Cronbach's Alpha 值，具体分析结果如表 5－8 所示。因此，删除题项“作为交易的一部分，向参与者提供信息，以减少他们之间关于产品质量信息不对称的程度”后的效率型商业模式量表具有较好的信度和效度，符合检测要求。后期大样本收集数据所用效率型商业模式量表为删除题项“作为交易的一部分，向参与者提供信息，以减少他们之间关于产品质量信息不对称的程度”后的新量表。

表 5－8　调整后效率型商业模式量表小样本测试结果（N＝67）

变量	题项	平均值	标准偏差	项已删除的 Cronbach's Alpha
效率型商业模式	T1. 贵公司的商业模式设计帮助企业减少了经营成本（即营销成本、交易处理成本、通信成本等）	5.45	1.063	0.877
	T2. 贵公司的商业模式设计帮助企业简化了交易程序，使合作伙伴认为与贵公司进行交易活动简单易行	5.21	1.081	0.884
	T3. 贵公司的商业模式设计帮助企业降低了交易过程的出错率	5.31	1.196	0.881
	T4. 贵公司的商业模式设计帮助合作伙伴减少了经营成本（即营销成本、交易处理成本、通信成本等）	5.34	0.978	0.881

续表

变量	题项	平均值	标准偏差	项已删除的 Cronbach's Alpha
效率型商业模式	T5. 贵公司的商业模式设计使企业与合作伙伴的交易程序具有很强的扩展性（比如，企业可以同时处理大量不同规模的交易）	5. 52	1. 092	0. 882
	T6. 贵公司的商业模式设计使企业的经营决策更为科学合理	5. 15	1. 062	0. 877
	T7. 贵公司的商业模式设计使交易过程更为透明，使交易过程的信息、服务和产品的使用及交付更容易被查询	5. 24	1. 046	0. 877
	T8. 贵公司的商业模式设计使交易双方能更好地获得彼此的信息	5. 40	1. 194	0. 871
	T9. 贵公司的商业模式设计使企业获得各种各样的商品、服务、信息和其他参与者	5. 40	1. 194	0. 873
	T10. 贵公司的商业模式设计使交易参与者能够获取更多的需求信息	5. 31	0. 972	0. 881
	T11. 贵公司的商业模式设计支持企业快速开展交易活动	5. 55	1. 132	0. 877
	T12. 贵公司的商业模式设计整体提高了企业交易的效率	5. 28	1. 027	0. 886

注：Cronbach's Alpha = 0. 888，KMO 值 = 0. 709，Sig. = 0. 000。

新颖型商业模式量表的小样本检测结果。通过对新颖型商业模式量表开展信度和效度检测，得出 KMO 值为 0. 792，大于 0. 70，且 Sig. 值为 0. 000，小于 0. 001，Cronbach's Alpha 值为

0.876，具体分析结果如表 5－9 所示。根据分析结果发现，题项“该商业模式以新颖的方式将参与者与交易联系起来”的项已删除的 Cronbach's Alpha 值为 0.883，大于新颖型商业模式量表整体 Cronbach's Alpha 值 0.876。因此，新颖型商业模式量表需要删除题项“该商业模式以新颖的方式将参与者与交易联系起来”后重新分析。

表 5－9　　新颖型商业模式量表小样本测试结果（N＝67）

变量	题项	平均值	标准偏差	项已删除的 Cronbach's Alpha
新颖型商业模式	贵公司的商业模式设计帮助企业以新的方式实现了产品、信息和服务的结合	5.16	1.136	0.860
	贵公司的商业模式设计帮助企业开拓了新的业务合作者	5.13	1.179	0.870
	贵公司的商业模式设计向交易参与者提供了新颖的激励措施	5.22	1.178	0.874
	贵公司的商业模式设计帮助企业接触到不同的合作者和产品	5.13	1.358	0.864
	该商业模式以新颖的方式将参与者与交易联系起来	4.93	1.063	0.883
	贵公司的商业模式设计增强了交易双方联系方式的丰富性（包括联系的质量和深度）和新颖性	4.81	1.209	0.866
	贵公司的商业模式设计帮助企业获得了更多的技术创新	4.84	1.226	0.863
	贵公司的商业模式建立在商业机密或专利基础之上	4.87	1.325	0.862

续表

变量	题项	平均值	标准偏差	项已删除的 Cronbach's Alpha
新颖型商业模式	贵公司的商业模式是行业的领先者	5.00	1.337	0.865
	贵公司不断对商业模式进行改进和创新	5.13	1.266	0.859
	竞争对手的商业模式有可能超越贵公司的商业模式	4.84	1.274	0.871
	贵公司的商业模式还存在着改进的可能性	5.28	1.289	0.863
	整体来说贵公司的商业模式是新颖的，具有创新性	5.10	1.130	0.865

注：Cronbach's Alpha = 0.876，KMO 值 = 0.792，Sig. = 0.000。

本书将题项“该商业模式以新颖的方式将参与者与交易联系起来”删除后，对新颖型商业模式量表重新开展信度和效度检测，得出 KMO 值为 0.816，大于 0.70，Sig. 值为 0.000，小于 0.001，Cronbach's Alpha 值为 0.883。新量表所有题项的项已删除的 Cronbach's Alpha 值都小于新颖型商业模式量表整体 Cronbach's Alpha 值，具体分析结果如表 5 - 10 所示。因此，删除题项“该商业模式以新颖的方式将参与者与交易联系起来”后的新颖型商业模式量表具有较好的信度和效度，符合检测要求。后期大样本收集数据所用新颖型商业模式量表为删除题项“该商业模式以新颖的方式将参与者与交易联系起来”后的新量表。

表 5－10　调整后新颖型商业模式量表小样本测试结果（N＝67）

变量	题项	平均值	标准偏差	项已删除的 Cronbach's Alpha
新颖型商业模式	N1. 贵公司的商业模式设计帮助企业以新的方式实现了产品、信息和服务的结合	5.16	1.136	0.869
	N2. 贵公司的商业模式设计帮助企业开拓了新的业务合作者	5.13	1.179	0.878
	N3. 贵公司的商业模式设计向交易参与者提供了新颖的激励措施	5.22	1.178	0.882
	N4. 贵公司的商业模式设计帮助企业接触到不同的合作者和产品	5.13	1.358	0.872
	N5. 贵公司的商业模式设计增强了交易双方联系方式的丰富性（包括联系的质量和深度）和新颖性	4.81	1.209	0.876
	N6. 贵公司的商业模式设计帮助企业获得了更多的技术创新	4.84	1.226	0.871
	N7. 贵公司的商业模式建立在商业机密或专利基础之上	4.87	1.325	0.871
	N8. 贵公司的商业模式是行业的领先者	5.00	1.337	0.875
	N9. 贵公司不断对商业模式进行改进和创新	5.13	1.266	0.868
	N10. 竞争对手的商业模式有可能超越贵公司的商业模式	4.84	1.274	0.880
	N11. 贵公司的商业模式还存在着改进的可能性	5.28	1.289	0.871
	N12. 整体来说贵公司的商业模式是新颖的，具有创新性	5.10	1.130	0.873

注：Cronbach's Alpha＝0.883，KMO 值＝0.816，Sig.＝0.000。

2. 技术创新量表小样本测试

根据前文所述，本书将企业的技术创新分为自主研发和购买引进两种技术创新方式，因此分别对自主研发和购买引进的量表开展了小样本检测。

自主研发量表的小样本检测结果。通过对自主研发量表开展信度和效度检测，得出 KMO 值为 0.736，大于 0.70，Sig. 值为 0.000，小于 0.001，Cronbach's Alpha 值为 0.834。量表所有题项的项已删除的 Cronbach's Alpha 值都小于自主研发量表整体 Cronbach's Alpha 值，具体分析结果如表 5－11 所示。因此，自主研发量表具有较好的信度和效度，符合检测要求。

表 5－11　　自主研发量表小样本测试结果（N＝67）

变量	题项	平均值	标准偏差	项已删除的 Cronbach's Alpha
自主研发	M1. 企业关键技术来源于自主研发（包括与其他企业、大学、研究机构等的合作研发）的百分比高于主要竞争对手	5.16	1.333	0.808
	M2. 企业与同行对手相比具有更强的自主研发能力	5.13	1.358	0.812
	M3. 企业研发费用占销售额的百分比高于主要竞争对手	5.18	1.154	0.803
	M4. 企业研发人员占总员工数的百分比高于主要竞争对手	4.87	1.325	0.801
	M5. 企业持续不断地研发新技术、开放新产品	5.13	1.266	0.801
	M6. 企业非常重视研发活动	4.84	1.226	0.820

注：Cronbach's Alpha＝0.834，KMO 值＝0.736，Sig. ＝0.000。

购买引进量表的小样本检测结果。通过对购买引进量表开展信度和效度检测，得出 KMO 值为 0.806，大于 0.70，Sig. 值为 0.000，小于 0.001，Cronbach's Alpha 值为 0.844。量表所有题项的项已删除的 Cronbach's Alpha 值都小于自主研发量表整体 Cronbach's Alpha 值，具体分析结果如表 5－12 所示。因此，购买引进量表具有较好的信度和效度，符合检测要求。

表 5－12　　　购买引进量表小样本测试结果（N＝67）

变量	题项	平均值	标准偏差	项已删除的 Cronbach's Alpha
购买引进	B1. 企业关键技术来源于技术引进（包括授权、研发合同、顾问公司、并购相关公司和聘用相关技术人员等）的百分比高于主要竞争对手	5.07	1.295	0.819
	B2. 企业与同行对手相比具有更强的技术引进能力	5.28	1.253	0.817
	B3. 企业技术引进费用占销售额的百分比高于主要竞争对手	4.97	1.314	0.829
	B4. 企业经常从外部聘请掌握核心技术的科研人员	5.09	1.311	0.816
	B5. 企业经常从外部获得重要的技术或技术的信息源	5.07	1.341	0.808
	B6. 企业从外部获得的新技术成为企业的核心技术	4.82	1.154	0.818

注：Cronbach's Alpha＝0.844，KMO 值＝0.806，Sig.＝0.000。

3. 创新绩效量表小样本测试

本书通过对创新绩效量表开展信度和效度检测，得出 KMO 值为 0.849，大于 0.70，Sig. 值为 0.000，小于 0.001，Cronbach's Alpha 值为 0.917。量表所有题项的项已删除的 Cronbach's Alpha 值都小于创新绩效量表整体 Cronbach's Alpha 值，具体分析结果如表 5－13 所示。因此，创新绩效量表具有较好的信度和效度，符合检测要求。

表 5－13　创新绩效量表小样本测试结果（N＝67）

变量	题项	平均值	标准偏差	项已删除的 Cronbach's Alpha
创新绩效	I1. 企业创新的新服务项目都能达到预期的经济效益	5.66	1.441	0.905
	I2. 企业创新的新服务项目都能让客户感到满意	5.06	1.085	0.879
	I3. 企业总是提前于计划时限完成专业服务的开发	5.03	1.087	0.903
	I4. 企业开发新服务的成功率很高	5.07	1.283	0.880

注：Cronbach's Alpha＝0.917，KMO 值＝0.849，Sig.＝0.000。

本书通过对调查问卷开展小样本检测，删除了不符合要求的题项。调整后的调查问卷经过信度和效度检测，所有变量的量表都符合要求。因此，研究团队获得了一份完整的新调查问卷（见附录：关于商业模式对高新技术服务企业创新绩效影响机制的调查问卷）。本书使用这份调整后的调查问卷再开展大样本数据收集。

二、变量信效度和模型拟合度检验

本书使用完善后的调查问卷进行调查，收集到 489 份有效问卷。研究团队使用大样本数据再一次开展变量的信度和效度检验，主要对各变量的量表开展 Cronbach's Alpha 和 Kaiser – Meyer – Olkin 分析，以此检验大样本数据的有效性。研究团队还对研究模型开展了拟合度分析，验证模型的可靠性。

1. 变量的信度和效度检验

各变量的信效度检测结果如表 5 – 14 所示。所有变量的 Cronbach's Alpha 值均大于 0. 8，而且“校正项总相关性”“项已删除的 Cronbach's Alpha”等指标均满足信度指标要求。所有变量的 Kaiser – Meyer – Olkin 值都大于 0. 8，Sig. 值都小于 0. 05，因此量表的结构效度符合要求，5 个变量的测度具有良好的一致性。

表 5 – 14　　商业模式信度和效度检测结果（N = 489）

变量	题项	校正项总相关性	项已删除的 Cronbach's Alpha	Cronbach's Alpha	KMO 值	Sig.
效率型商业模式	T1	0. 752	0. 942	0. 946	0. 907	0. 000
	T2	0. 732	0. 942			
	T3	0. 742	0. 942			

续表

变量	题项	校正项总相关性	项已删除的 Cronbach's Alpha	Cronbach's Alpha	KMO 值	Sig.
效率型商业模式	T4	0. 741	0. 942	0. 946	0. 907	0. 000
	T5	0. 697	0. 944			
	T6	0. 730	0. 942			
	T7	0. 771	0. 941			
	T8	0. 762	0. 941			
	T9	0. 800	0. 940			
	T10	0. 730	0. 942			
	T11	0. 797	0. 940			
	T12	0. 739	0. 942			
新颖型商业模式	N1	0. 796	0. 937	0. 944	0. 920	0. 000
	N2	0. 672	0. 941			
	N3	0. 653	0. 942			
	N4	0. 719	0. 940			
	N5	0. 702	0. 940			
	N6	0. 815	0. 936			
	N7	0. 780	0. 937			
	N8	0. 748	0. 939			
	N9	0. 799	0. 937			
	N10	0. 702	0. 940			
	N11	0. 743	0. 939			
	N12	0. 758	0. 938			

续表

变量	题项	校正项总相关性	项已删除的Cronbach's Alpha	Cronbach's Alpha	KMO 值	Sig.
自主研发	M1	0.725	0.874	0.894	0.857	0.000
	M2	0.729	0.873			
	M3	0.775	0.867			
	M4	0.728	0.873			
	M5	0.665	0.883			
	M6	0.676	0.881			
购买引进	B1	0.675	0.857	0.877	0.850	0.000
	B2	0.685	0.856			
	B3	0.667	0.859			
	B4	0.695	0.854			
	B5	0.706	0.852			
	B6	0.670	0.859			
创新绩效	I1	0.776	0.918	0.924	0.855	0.000
	I2	0.863	0.889			
	I3	0.803	0.908			
	I4	0.858	0.890			

2. 模型的拟合度检验

本书构建了商业模式对创新绩效影响的检测模型，如图 5－2 所示。模型拟合度的检测结果如表 5－15 所示，X2/df 值为 2.434，小于 5，CFI 值为 0.925，大于 0.9，RMSEA 值为 0.054，小于 0.1，显著性 P 值均小于 0.05，模型通过了显著性检验。因此，该模型的拟合效果良好。

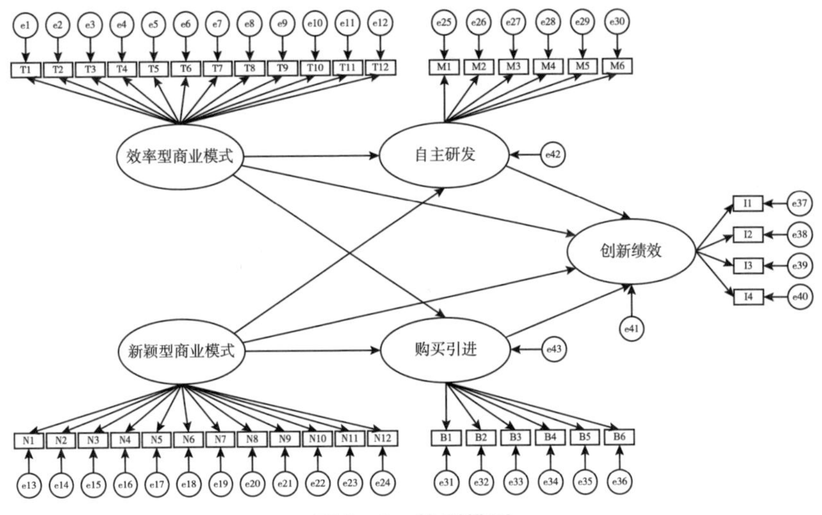

图 5-2　检测模型

表 5-15　　　　　　　　模型拟合度检测结果

路径			标准化路径系数	路径系数	S. E.	t	P
自主研发	←	效率型商业模式	0. 172	0. 183	0. 053	3. 435	***
购买引进	←	效率型商业模式	0. 264	0. 25	0. 048	5. 251	***
自主研发	←	新颖型商业模式	0. 148	0. 188	0. 063	2. 974	0. 003
购买引进	←	新颖型商业模式	0. 116	0. 131	0. 055	2. 383	0. 017
创新绩效	←	自主研发	0. 134	0. 12	0. 044	2. 696	0. 007
创新绩效	←	购买引进	0. 18	0. 18	0. 051	3. 561	***
创新绩效	←	效率型商业模式	0. 122	0. 115	0. 047	2. 441	0. 015
创新绩效	←	新颖型商业模式	0. 13	0. 147	0. 054	2. 714	0. 007

注：*** 表示 $p<0.001$，X2/df 为 2. 434，RMSEA 为 0. 054，CFI 为 0. 925，AGFI 为 0. 830，GFI 为 0. 851。

三、描述性统计和相关性分析

本书在开展回归分析之前，对各变量进行了描述性分析和相关性分析，结果如表5－16所示。企业规模、企业年龄是控制变量，创新绩效是因变量，效率型商业模式和新颖型商业模式是自变量，购买引进和自主研发是中介变量。

表5－16 描述性统计分析和相关性系数矩阵（N＝489）

变量	企业年龄	企业规模	创新绩效	效率型商业模式	新颖型商业模式	自主研发	购买引进
企业年龄	1						
企业规模	0.140**	1					
创新绩效	－0.039	－0.039	1				
效率型商业模式	－0.066	－0.014	0.200**	1			
新颖型商业模式	－0.086	0.001	0.200**	0.172**	1		
自主研发	－0.035	0.055	0.160**	0.173**	0.167**	1	
购买引进	0.005	－0.085	0.210**	0.253**	0.170**	－0.007	1
Mean	11.902	766	5.514	5.141	5.225	5.135	5.214
Standard deviation	5.967	996.969	0.989	0.926	0.991	1.053	1.034
Number of cases	489	489	489	489	489	489	489

注：** 表示 $p<0.01$，相关性显著。

四、多元回归分析

为了验证本书提出的研究假设，本书开展了多元回归分析。本书以自主研发、购买引进在商业模式与创新绩效关系中的中介效应为主要目标开展回归分析。

1. 多重共线检验、异方差和序列相关检验

本部分所使用回归模型的 VIF 指数均处于 0 和 3 之间。因

此，本书的解释变量、控制变量之间不存在多重共线性问题。

异方差问题主要反映被解释变量的方差是否随着解释变量的变化存在明显的变化趋势，主要使用散点图进行判断（马国庆，2002）。以标准化预测值为横轴，以标准化残差为纵轴，开展残差项散点图的绘制。如果散点呈现无序分布，则说明异方差的问题不存在。本书所有回归模型的散点图都是无序分布状态，因此所有回归模型都没有异方差问题。

序列相关问题主要针对时序性数据。本书所使用的大样本数据是通过调查问卷获得的截面数据，因此无须开展序列相关问题检验。

2. 回归分析结果

根据第三章研究方法的论述，在开展回归分析前对自变量、中介变量的原始数据进行了去中心化处理，因此可以避免自变量与中介变量的交互项和自变量产生共线效应。本书使用回归分析开展中介效应分析的检验方程如下所示。

$$y = cx + e1 \tag{5-1}$$

$$m = ax + e2 \tag{5-2}$$

$$y = fm + e3 \tag{5-3}$$

$$y = dx + bm + e4 \tag{5-4}$$

其中，x 为自变量，m 为中介变量，y 为因变量。方程（5－1）的系数 c 为 x 对 y 的总效应。方程（5－2）的系数 a 是 x 对 m 的直接效应。方程（5－3）的系数 f 是 m 对 y 的直接效应。方程（5－4）的系数 b 是在控制了 x 的影响后，m 对 y 的直接效应。系数 d 是控制了 m 的影响后，x 对 y 的直接效应。系数 $a \times b$ 是经过中介变量 m 产生的中介效应，并且存在 $a \times b = c - d$。因此，本书的中介效应检验分为四步：其一，分析 x 对 y 的回归，可以检验回归系数 c 的显著性。其二，分析 x 对 m 的回归，可以检验回归系数 a 的显著性。其三，分析 m 对 y 的回归，可以检验回归系数 f 的显著性。其四，分析 x 和 m 对 y 的回归，可以检验回归系数 b 和 d 的显著性。本书对自主研发、购买引进开展回归分析，具体如下。

（1）自主研发在效率型商业模式与创新绩效之间的中介效应检验。本书对自主研发在效率型商业模式与创新绩效之间的作用开展回归分析，具体结果如表 5－17 所示。使用模型 1 开展了常量自主研发与因变量创新绩效的回归分析，得到回归系数为正（0.160），且显著性值为 0.000，小于 0.05，表明自主研发对创新绩效具有正向影响，研究假设 H7 得到了支持。使用模型 2 开展了常量效率型商业模式与因变量创新绩效的回归分析，得到回归系数为正（0.200），且显著性值为 0.000，小于 0.05，表明效率型商业模式对创新绩效具有正向影响，研究假设 H1 得到了支持。使用模型 3 开展了控制自主研发变量情况下的常量效率型商业模式与因变量创新绩效的回归分析，得到回归系数为正（0.178），且显著性值为 0.000，小于 0.05，使用模型 3 还开展了控制效率型商业模式变量情况下的常量自主研发与因变量创新绩效的回归分析，得到回归系数为正（0.129），且显著性值为 0.000，小于 0.05。使用模型 4 开展了常量效率型商业模式与因变量自主研发的回归分析，得到回归系数为正（0.173），且显著性值为 0.000，小于 0.05，表明效率型商业模式对自主研发具有正向影响，研究假设 H3 不成立。虽然假设 H3 不成立，但是通过模型 4 证明了 H3 的反方向成立。因此，根据使用模型 1、模型 2、模型 3、模型 4 进行回归分析的结果，可以看出自主研发在效率型商业模式与创新绩效之间产生中介效应，研究假设 H7a 得到了支持。

表 5－17　自主研发在效率型商业模式与创新绩效之间作用的回归分析结果

模型	常量	非标准化系数		标准化系数	t	Sig.	R^2	F	因变量
		B	标准偏差	Beta					
1	自主研发	0.150	0.042	0.160	3.568	0.000	0.023	12.730	创新绩效
2	效率型商业模式	0.213	0.047	0.200	4.500	0.000	0.038	20.253	创新绩效
3	效率型商业模式	0.190	0.048	0.178	3.967	0.000	0.052	14.428	创新绩效
	自主研发	0.121	0.042	0.129	2.881	0.004			
4	效率型商业模式	0.197	0.051	0.173	3.875	0.00	0.028	15.013	自主研发

（2）自主研发在新颖型商业模式与创新绩效之间的中介效应检验。本书对自主研发在新颖型商业模式和企业创新绩效之间的中介效应开展回归分析，具体结果如表 5－18 所示。使用模型 1 开展了常量自主研发与因变量创新绩效的回归分析，得到回归系数为正（0.160），且显著性值为 0.000，小于 0.05，表明自主研发显著地正向影响创新绩效，假设 H7 得到了支持。使用模型 2 开展了常量新颖型商业模式与因变量创新绩效的回归分析，得到回归系数为正（0.200），且显著性值为 0.000，小于 0.05，表明

新颖型商业模式显著地正向影响创新绩效，假设 H2 得到了支持。使用模型 3 开展了控制自主研发变量情况下的常量新颖型商业模式与因变量创新绩效的回归分析，得到回归系数为正（0.179），且显著性值为 0.000，小于 0.05。使用模型 3 还开展了控制新颖型商业模式变量情况下的常量自主研发与因变量创新绩效的回归分析，得到回归系数为正（0.130），且显著性值为 0.004，小于 0.05。使用模型 4 开展了常量新颖型商业模式与因变量自主研发的回归分析，得到回归系数为正（0.167），且显著性值为 0.000，小于 0.05，表明新颖型商业模式显著地正向影响自主研发，假设 H5 得到了支持。因此，根据使用模型 1、模型 2、模型 3、模型 4 进行回归分析的结果，可以看出自主研发在新颖型商业模式与创新绩效之间产生中介效应，研究假设 H7b 得到了支持。

表 5－18　自主研发在新颖型商业模式与创新绩效之间作用的回归分析结果

模型	常量	非标准化系数		标准化系数	t	Sig.	R^2	F	因变量
		B	标准偏差	Beta					
1	自主研发	0.150	0.042	0.160	3.568	0.000	0.023	12.730	创新绩效
2	新颖型商业模式	0.200	0.044	0.200	4.515	0.000	0.038	20.383	创新绩效
3	新颖型商业模式	0.178	0.045	0.179	3.999	0.000	0.057	14.558	创新绩效
	自主研发	0.122	0.042	0.130	2.902	0.004			
4	新颖型商业模式	0.178	0.047	0.167	3.746	0.000	0.026	14.035	自主研发

（3）购买引进在效率型商业模式与创新绩效之间的中介效应检验。本书对购买引进在效率型商业模式和企业创新绩效之间的中介效应开展回归分析，具体结果如表 5－19 所示。使用模型 1 开展了常量购买引进与因变量创新绩效的回归分析，得到回归系数为正（0. 210），且显著性值为 0. 000，小于 0. 05，表明购买引进对创新绩效具有正向影响，研究假设 H8 得到了支持。使用模型 2 开展了常量效率型商业模式与因变量创新绩效的回归分析，得到回归系数为正（0. 200），且显著性值为 0. 000，小于 0. 05，表明效率型商业模式对创新绩效具有正向影响，研究假设 H1 得到了支持。使用模型 3 开展了控制效率型商业模式变量情况下的常量购买引进与因变量创新绩效的回归分析，得到回归系数为正（0. 170），且显著性值为 0. 000，小于 0. 05。使用模型 3 还开展了控制量购买引进变量情况下的常量效率型商业模式与因变量创新绩效的回归分析，得到回归系数为正（0. 157），且显著性值为 0. 001，小于 0. 05。使用模型 4 开展了常量效率型商业模式与因变量购买引进的回归分析，得到回归系数为正（0. 253），且显著性值为 0. 000，小于 0. 05，表明效率型商业模式对购买引进具有正向影响，研究假设 H4 得到了支持。因此，根据使用模型 1、模型 2、模型 3、模型 4 进行回归分析的结果，可以看出购买引进在效率型商业模式与创新绩效之间产生中介效应，研究假设 H8a 得到了支持。

表 5 – 19 购买引进在效率型商业模式与创新绩效关系中作用的回归分析结果

<table>
<tr><th rowspan="2">模型</th><th rowspan="2">常量</th><th colspan="2">非标准化系数</th><th>标准化系数</th><th rowspan="2">t</th><th rowspan="2">Sig.</th><th rowspan="2">R^2</th><th rowspan="2">F</th><th rowspan="2">因变量</th></tr>
<tr><th>B</th><th>标准偏差</th><th>Beta</th></tr>
<tr><td>1</td><td>购买引进</td><td>0. 201</td><td>0. 042</td><td>0. 210</td><td>4. 731</td><td>0. 000</td><td>0. 042</td><td>22. 384</td><td>创新绩效</td></tr>
<tr><td>2</td><td>效率型商业模式</td><td>0. 213</td><td>0. 047</td><td>0. 200</td><td>4. 500</td><td>0. 000</td><td>0. 038</td><td>20. 253</td><td>创新绩效</td></tr>
<tr><td rowspan="2">3</td><td>效率型商业模式</td><td>0. 167</td><td>0. 048</td><td>0. 157</td><td>3. 461</td><td>0. 001</td><td rowspan="2">0. 063</td><td rowspan="2">17. 434</td><td rowspan="2">创新绩效</td></tr>
<tr><td>购买引进</td><td>0. 163</td><td>0. 043</td><td>0. 170</td><td>3. 751</td><td>0. 000</td></tr>
<tr><td>4</td><td>效率型商业模式</td><td>0. 283</td><td>0. 049</td><td>0. 253</td><td>5. 710</td><td>0. 000</td><td>0. 062</td><td>33. 415</td><td>购买引进</td></tr>
</table>

（4）购买引进在新颖型商业模式与创新绩效之间的中介效应检验。本书对购买引进在新颖型商业模式和企业创新绩效之间的中介效应开展回归分析，具体结果如表 5 – 20 所示。使用模型 1 开展了常量购买引进与因变量创新绩效的回归分析，得到回归系数为正（0. 210），且显著性值为 0. 000，小于 0. 05，表明购买引进对创新绩效具有正向影响，研究假设 H8 得到了支持。使用模型 2 开展了常量新颖型商业模式与因变量创新绩效的回归分析，得到回归系数为正（0. 200），且显著性值为 0. 000，小于 0. 05，表明新颖型商业模式对创新绩效具有正向影响，研究假设 H2 得到了支持。使用模型 3 开展了控制购买引进变量情况下的常量新颖型商业模式与因变量创新绩效的回归分析，得到回归系数为正

(0. 170)，且显著性值为 0. 000，小于 0. 05。使用模型 3 还开展了控制新颖型商业模式变量情况下的常量购买引进与因变量创新绩效的回归分析，得到回归系数为正（0. 181)，且显著性值为 0. 000，小于 0. 05。使用模型 4 开展了常量新颖型商业模式与因变量购买引进的回归分析，得到回归系数为正（0. 170)，且显著性值为 0. 000，小于 0. 05，表明新颖型商业模式对购买引进具有正向影响，研究假设 H6 得到了支持。因此，根据使用模型 1、模型 2、模型 3、模型 4 进行回归分析的结果，可以看出购买引进在新颖型商业模式与创新绩效之间起到中介效应，研究假设 H8b 得到了支持。

表 5 - 20 购买引进在新颖型商业模式与创新绩效关系中作用的回归分析结果

模型	常量	非标准化系数		标准化系数	t	Sig.	R^2	F	因变量
		B	标准偏差	Beta					
1	购买引进	0. 201	0. 042	0. 210	4. 731	0. 000	0. 044	22. 384	创新绩效
2	新颖型商业模式	0. 200	0. 044	0. 200	4. 515	0. 000	0. 040	20. 383	创新绩效
3	新颖型商业模式	0. 169	0. 044	0. 170	3. 828	0. 000	0. 068	18. 833	创新绩效
	购买引进	0. 173	0. 042	0. 181	4. 078	0. 000			
4	新颖型商业模式	0. 177	0. 047	0. 170	3. 800	0. 000	0. 027	14. 439	购买引进

第六节 研究结果和讨论

本书基于489家高新技术服务企业的样本数据对理论模型和研究假设开展了实证检验。实证分析结果表明，大部分研究假设获得了支持，研究假设得到了很好的验证。因为研究假设H3没有得到支持，所以根据验证结果将理论模型进行修正，如图5-3所示。

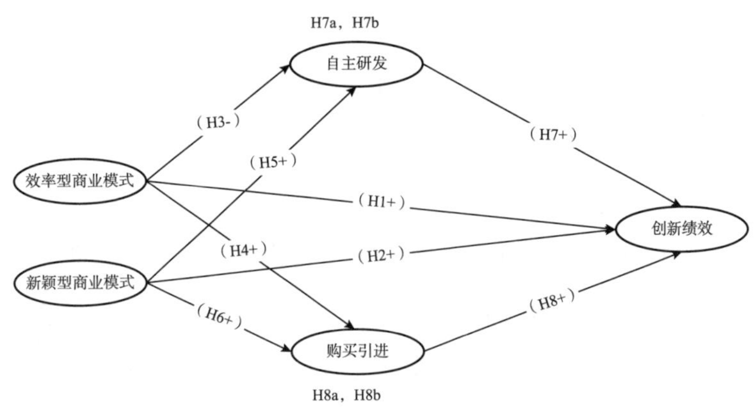

图5-3 理论模型检验结果

一、商业模式设计对创新绩效的影响

本书根据佐特和阿米特（2007，2008）的研究成果，依据设计主题将商业模式分为效率型商业模式和新颖型商业模式两种类型，利用489家高新技术服务企业的样本数据对两种商业模式的量表开展信度和效度分析，发现两个变量的量表都具有较高的内部一致性和辨识效度。因此，基于设计主题将商业模式分为新颖型和效率型，符合高新技术服务企业的实际情况。

基于大样本数据的回归分析结果表明，效率型商业模式和新颖型商业模式都显著地正向影响企业创新绩效。本书的研究结果与佐特和阿米特（2007）的研究结论具有相似性，并支持了佐特（2011）、蒂斯（2018）等学者的研究结论。一些学者通过理论演绎认为，商业模式有利于企业的技术创新（Boons & Ludeke - Freund，2012）。商业模式将新技术作为企业的潜在投入因素，有利于企业开展技术改进和提升（Hart & Christensen，2002）。仅有少量的学者使用特定案例实证研究了这一影响（李志强、赵卫军，2012；Chesbrough，H & Rosenbloom，R. S，2002）。这些研究主要针对发达地区的企业，对发展中地区的企业关注相对较少（Wu X et al. ，2010）。

（1）效率型商业模式对创新绩效的影响。大样本数据的实证检验结果表明，效率型商业模式显著地正向影响企业创新绩效（H1）。效率型商业模式对创新绩效的促进作用主要体现在三个方面：首先从交易成本的角度分析，效率型商业模式可以降低企业与合作伙伴之间的直接和间接交易成本（Zott C et al. ，2011），而交易成本的降低有利于发展中地区企业克服自身成本控制不强的劣势，有利于发展中地区企业克服发达地区企业的先发优势，降低客户对发达地区企业的锁定效应（彭伟辉，2019）。其次从交易管理效率的角度分析，效率型商业模式通过提高企业与合作伙伴的交易效率增加了企业与合作伙伴之间的交易黏性

(Zott C et al. , 2011)。这种交易黏性有利于发展中地区企业借助技术溢出效应加快技术创新。最后从信息共享的角度分析，效率型商业模式有利于企业与合作伙伴之间的信息共享（Zott C & Amit R，2007)，有利于企业获取更多的市场需求信息和外部技术知识，从而帮助企业加快技术创新（孙永磊等，2018)。

（2）新颖型商业模式对创新绩效的影响。大样本数据的实证检验结果表明，新颖型商业模式对创新绩效具有正向影响(H2)。新颖型商业模式对创新绩效的促进作用主要体现在两个方面：首先从价值创造角度分析，新颖型商业模式有利于发展中地区企业利用较高信息技术获取更多的新价值和增加价值的新方式（Foss N J & Saebi T，2018)，这些有利于促进企业的技术创新。其次从交易路径角度分析，新颖型商业模式有助于企业创造更多新的交易方式和新的交易伙伴，帮助企业创造新的知识和吸收外部的技术知识，从而促进企业加快技术创新。

二、技术创新在商业模式和创新绩效之间的中介效应

依据沃格勒和卡西曼（1999）的研究成果，本书将技术创新分为自主研发和购买引进两种方式。利用 489 家高新技术服务企业的样本数据对两种技术创新方式的量表开展信度和效度分析，发现两个变量的量表都具有较高的内部一致性和辨识效度。因此，基于新技术来源将技术创新划分为自主研发和购买引进两种方式符合高新技术服务企业的实际情况。

（1）自主研发在效率型商业模式与创新绩效之间的中介效

应。根据大样本数据的实证分析结果，效率型商业模式对自主研发具有正向影响，自主研发对创新绩效具有正向影响，而且效率型商业模式对创新绩效具有正向影响。因此，效率型商业模式可以通过促进企业的自主研发，从而提高企业的创新绩效。当企业商业模式的效率越高时，企业自主研发的效率越高，从而提高企业对现有知识和技术的掌握能力（Katila & Ahuja，2002）。当企业基于自身能力获得技术突破时，企业将拥有更强的技术自主权，有利于企业更好地掌握新技术的发展趋势，且具有更高的创新绩效。

（2）自主研发在新颖型商业模式与创新绩效之间的中介效应。根据大样本数据的实证分析结果，新颖型商业模式对自主研发具有正向影响，自主研发显著地正向影响企业创新绩效，而且新颖型商业模式也显著地正向影响企业创新绩效。因此，新颖型商业模式可以通过促进企业的自主研发，从而提高企业的创新绩效。当企业商业模式的新颖性越高时，企业自主研发的效果越好，从而提高企业创造新知识和技术的能力（McKelvie A et al.，2018；Ernst & Kim，2002；吴晓波、李思涵，2020）。新颖型商业模式有利于企业内部自主研发能力的提高，使企业具有更强的技术研发能力。

（3）购买引进在效率型商业模式与创新绩效之间的中介效应。根据大样本数据的实证分析结果，效率型商业模式对购买引进具有正向影响，购买引进显著地正向影响企业创新绩效，而且效率型商业模式显著地正向影响企业创新绩效。因此，效率型商业模式可以通过促进企业的购买引进，从而提高企业的创新绩效。当企业商业模式的效率越高时，企业购买引进新技术的效率越高，从而提高企业的创新绩效（Veugelers R & Cassiman B，1999；Katila & Ahuja，2002；Ernst & Kim，2002；吴晓波等，2009）。效率型商业模式通过提高企业交易效率，加强与外部的交流，从而降低企业购买引进的风险。这能使企业快速适应新的技术环境变化（Katila & Ahuja，2002），从而提高企业的创新绩效。

（4）购买引进在新颖型商业模式与创新绩效之间的中介效应。根据大样本数据的实证分析结果，新颖型商业模式对购买引进具有正向影响，购买引进对创新绩效具有正向影响，而且新颖型商业模式对创新绩效具有正向影响。因此，从中介效应角度分析，新颖型商业模式可以通过促进企业的购买引进的效率，从而提高企业的创新绩效。当企业商业模式的新颖性越高时，企业购买引进的效果越好，从而促使企业更好地从外部环境获取新技术和知识（Veugelers R & Cassiman B，1999；Katila & Ahuja，2002；Ernst & Kim，2002）。新颖型商业模式通过不断增加企业新交易方式和新交易伙伴，使企业能够从外部环境获得更多新技术和知识的信息。这些能够降低企业购买引进的风险，提高企业创新绩效。

第七节 本部分研究总结

本部分围绕商业模式对创新绩效影响的核心问题，提出了 12

个研究假设，构建了理论模型，并以调查问卷方式收集了489家高新技术服务企业数据开展实证研究。通过综合运用探索因子、验证因子、回归分析等方法，深入分析了商业模式、技术创新、创新绩效之间的作用机理。通过综合梳理已有研究文献和专家意见设计了变量的量表，并通过小样本测试开展了调查问卷的调整，最终形成了信度和效度较好的量表。

本部分运用回归分析方法对研究假设开展了实证分析，研究假设验证情况如表5－21所示。效率型商业模式对自主研发具有显著的负向影响（H3）没有通过验证，但是大样本数据回归分析结果表明，效率型商业模式显著地正向影响自主研发。最终实证分析结果表明，效率型商业模式和新颖型商业模式对创新绩效都具有正向的促进作用；效率型商业模式和新颖型商业模式对购买引进都具有正向的促进作用；效率型商业模式和新颖型商业模式对自主研发都具有正向的促进作用；购买引进和自主研发对创新绩效都具有正向的促进作用；自主研发和购买引进在效率型商业模式与创新绩效之间产生中介效应；自主研发和购买引进在新颖型商业模式与创新绩效之间产生中介效应。

表5－21　　本部分的研究假设验证情况

序号	研究假设	验证结果
H1	效率型商业模式正向影响创新绩效	成立
H2	新颖型商业模式正向影响创新绩效	成立
H3	效率型商业模式负向影响自主研发	不成立
H4	效率型商业模式正向影响购买引进	成立

续表

序号	研究假设	验证结果
H5	新颖型商业模式正向影响自主研发	成立
H6	新颖型商业模式正向影响购买引进	成立
H7	自主研发正向影响创新绩效	成立
H7a	自主研发在效率型商业模式与创新绩效的关系中产生中介效应	成立
H7b	自主研发在新颖型商业模式与创新绩效的关系中产生中介效应	成立
H8	购买引进正向影响创新绩效	成立
H8a	购买引进在效率型商业模式与创新绩效的关系中产生中介效应	成立
H8b	购买引进在新颖型商业模式与创新绩效的关系中产生中介效应	成立

技术体制对创新绩效的调节效应

本部分是“商业模式对创新绩效影响机制”的子问题研究。前面已经根据核心研究问题开展了探索性案例研究，以及中介效应的定量研究。本部分与中介效应的定量研究使用了同一份调查问卷。两个子问题研究所需的数据是共同采集，部分变量数据是共用的。因此，本部分没有再开展商业模式、技术创新、创新绩效等变量之间关系的研究假设、变量量表的检验，而是直接使用了中介效应研究的数据和分析结果。

所有的组织都存在于一定的环境中（Jaworski B J & Kohli A K，1993），环境对企业各方面的绩效具有影响。技术规制和技术相关因素对一个国家的技术创新行为具有重要的影响作用（Malerba & Orsenigo，1996）。因此，技术体制对企业创新的影响是近年来学者们关于技术体制理论研究的主要问题。李寿根和金沛晟（Lee K & Lim C，2001）将技术体制与创新发展结合研究，通过模型解释韩国主要支柱产业创新发展过程，认为技术体制会对企业的创新行为产生影响，并进而影响创新绩效。

李寿根等（Lee K et al.，2017）研究发现，不同产业领域的创新方式存在显著的差异，技术体制对产业获取技术进步和竞争优势有重要影响。马荣康和刘凤朝（2019）对 1987～2015 年 IPC 大类层面的发明专利数据开展研究，从技术体制视角提出在发达地区创新独占性较低。金田和英黛（2020）从协调控制的角度对社会技术系统的弹性开展研究，探索组织如何使系统状态与协调控制原则保持一致，从而提高系统适应动态和不确定工作环境的能力。但是以往有关技术体制的研究主要以发达经济体为研究对象，对发展中地区企业研究较少。在不同地区之间（即使是发达地区之间），技术体制影响下的企业创新模式也不一样的（Park K H & Lee K，2006）。不同地区存在本地区专属的创新模式，这些创新模式的形成与各地区的工业发展历史、企业竞争与组织形式以及自身的创新结果和体制有关。因此，本部分以我国境内的高新技术服务企业为对象，探索发展中地区企业创新活动受技术体制影响的情况。

第一节　研究目的

根据权变理论研究观点，企业的内部运营机制会受到外部环境的影响（Sirmon D G et al.，2007）。企业通过优化商业模式设计提高企业创新绩效的过程，将不只是企业内部运营管理的问题，还受到企业外部环境的影响。技术体制是企业开展经营、创新、学习等活动的技术环境（马荣康、刘凤朝，2019）。因此，本部分的主要目标是探索技术体制对商业模式与创新绩效之间关系的调节机制，并通过大数据验证研究假设。

第二节 研究假设

任何组织不可能独立于环境而存在（Jaworski B J & Kohli A K，1993），环境对于企业各方面的影响一直是管理研究领域的重要问题。企业技术创新的效果受到所在环境的显著影响（Jin Tian & Ying Dai，2020）。面对不同的环境，企业需要制定不同的经营策略，否则无法改善各方面的绩效（Jin Tian & Ying Dai，2020）。环境因素是企业商业模式设计和技术创新的重要影响因素（Hu M C et al.，2015），会影响企业对经营信息的理解，进而影响企业的价值创造活动（Sirmon D G et al.，2007）。

企业处于不同环境会呈现出不同的组织架构（Park K H & Lee K，2006）。商业模式、技术创新是影响企业创新绩效提升的重要因素（Kogut B & Zander U，1992）。因此，验证环境因素在商业模式、技术创新和企业创新绩效关系中的调节效应就变得非常重要（Tian Jin & Dai Ying，2020）。技术体制是影响企业的技术环境因素，对企业的技术创新活动具有显著的影响，是解释不同行业出现不同创新过程的重要理论框架（Nelson R R & Winter S G，1982）。技术体制通过影响企业的技术创新活动进而影响企业的创新绩效（Lee K & Lim C，2001；Lee K et al.，2017）。技术体制被界定为技术机会、技术独占、技术累积和知识基属的集合

（Park K H & Lee K，2006；Breschi S et al.，2000）。因此，本部分将探索技术体制对商业模式和创新绩效的关系，以及对技术创新和创新绩效关系的调节效应。

一、技术机会的调节效应

技术机会体现了投入一定研发资金后，企业可能获得创新成效的概率（Breschi S et al.，2000），反映了企业进行技术创新时获得良好效果的可能性（Giachetti C & Marchi G，2017）。杰斐（Jaffe，1993）指出不同技术领域由于技术机会不同导致创新的难易程度和所需投入的研发经费也不同。李寿根等（2017）研究发现在高技术机会环境企业可以更容易获得先进技术，从而为创新活动提供强大的推动力。自主研发是企业独立开展技术创新，并将创新成果运用于企业生产过程（McKelvie A et al.，2018），在高技术机会环境下企业可以更好地从外部环境获得技术信息，为企业的技术创新提供动力。因此，高技术机会环境有利于企业提升自主研发的效果，从而提高企业创新绩效。购买引进是企业通过购买的方式从其他企业引进技术创新成果（Thite M et al.，2016），在高技术机会环境中的企业可以更容易获得先进技术（Breschi S et al.，2000；孙瑜康等，2019）。因此，高技术机会环境可以促进以购买引进的方式开展的技术创新，并提高创新绩效。

新颖型商业模式强调企业通过开拓新的合作伙伴或创造新的交易方式为企业创造新的价值（Amit R & Zott C，2001；2015），从而促进企业创新绩效提高。高技术机会环境可以提高企业技术创新的成功率（Yoon B & Magee C L，2018），使新颖型商业模式创造新交易方式的成功率更大。因此，高技术机会环境可以提高新颖型商业模式对企业创新绩效的促进作用。效率型商业模式通过提高现有交易方式的有效性降低企业的交易成本，从而帮助企业创造更多的价值（Amit R & Zott C，2001）。高技术机会环境技术创新的高成功率为交易有效性的提高创造了有利条件，因此高技术机会环境可以提高效率型商业模式对企业创新绩效的促进作用。基于上述分析，提出以下 4 个假设。

H9a：技术机会正向调节自主研发和创新绩效的关系。

H9b：技术机会正向调节购买引进和创新绩效的关系。

H9c：技术机会正向调节新颖型商业模式和创新绩效的关系。

H9d：技术机会正向调节效率型商业模式和创新绩效的关系。

二、技术独占的调节效应

技术独占指企业通过相关技术手段防止自身的创新成果被模仿（阳银娟等，2020），更防止其他企业通过模仿获得利益（周馨怡，2016）。技术独占一方面通过保护技术创新成果激励企业的创新积极性，另一方面可以防止其他企业通过模仿获得利益。因此，高技术独占环境的企业将技术创新成果主要保存在内部，导致企业之间的技术转移比较困难（Park K H & Lee K，2006）。自主研发是企业独立开展技术创新，并将创新成果运用于企业生产过程。因此高技术独占环境有利于企业开展自主研发，且能够激励企业加大科研投入（李苗苗，2019）。购买引进是企业通过购买方式从其他企业引进技术创新成果，处于高技术独占环境的企业出于保护技术创新成果的目的会阻碍新技术的外流（Ann - Kristin Zobel et al.，2017）。

新颖型商业模式强调企业通过开拓新合作伙伴或创造新交易方式为企业创造新价值（Amit R & Zott C，2001，2015），但是处于高技术独占环境的企业出于保护自身技术创新成果的目的会阻碍新颖型商业模式在开拓新价值来源方面的努力。效率型商业模式强调通过提高现有交易方式的有效性降低企业的交易成本，从而帮助企业创造更多的价值（Amit R & Zott C，2001，2015），此过程会增加交易伙伴之间的黏性，且不需要开拓太多的新合作伙伴。因此效率型商业模式不会受到高技术独占环境的保护主义影响。基于上述分析，提出以下 4 个假设。

H10a：技术独占正向调节自主研发和创新绩效的关系。

H10b：技术独占负向调节购买引进和创新绩效的关系。

H10c：技术独占负向调节新颖型商业模式和创新绩效的关系。

H10d：技术独占正向调节效率型商业模式和创新绩效的关系。

三、技术累积的调节效应

高技术累积环境体现为企业的技术创新活动建立在已有的技术积累之上。帕克和科伊恩（2006）研究发现，处于高技术累积环境的企业以过去技术创新成果为当前的创新活动作基础。企业的技术创新需要基于已有技术积累，技术的创新过程具有显著的累积特点。高技术累积环境的技术创新是一个需要长期持续才能获得高收益的过程（赵心刚等，2012），对已有技术具有很高的依赖性（Park K H & Lee K，2006）。技术模仿者很难在这种环境下获得高利润，尤其是那些没有足够技术积累的企业。不进行长期技术创新累积的企业很难获得技术创新的高效益（宋耘、曾进泽，2007）。因为自主研发是企业独立开展技术创新，并将创新成果运用于企业生产的过程，是一个不断进行技术积累和创新的过程，因此自主研发有助于企业深入掌握已有技术（Katila R & Ahuja G，2002）。当企业具有更强的技术研发自主权时，企业技术发展受外界环境的影响就会降低（约瑟夫·熊彼特，2017）。因此，在高技术累积环境下，自主研发可以使企业对技术发展掌握得更为准确和全面，而且有利于企业进行技术储备。因此，高技术累积环境有利于自主研发效益的提高。企业通过购买方式从其他企业引进技术创新成果，会导致自身的技术创新积累不足，无法使企业获得良好的技术积累，不利于企业在已有技术基础上开展创新。因此，处于高技术累积环境的企业很难通过购买引进实现企业创新绩效的提高。

新颖型商业模式强调企业通过开拓新合作伙伴或创造新交易方式为企业创造新价值（Amit R & Zott C，2001，2015）。新颖型商业模式开拓新的交易伙伴有助于获得新的信息来源，而且与原有交易伙伴发展新交易方式也可以获得新的信息，但是因为高技术累积环境的企业创新具有对已有技术成果高依赖的特点，导致企业很难通过新交易方式快速获得技术创新的重大进步。因此，高技术累积环境会阻碍企业通过新颖型商业模式开拓新交易伙伴方式获取新技术。效率型商业模式强调通过提高现有交易方式的有效性降低企业的交易成本，从而帮助企业创造更多的价值，此过程将减少交易伙伴之间的信息不对称（Amit R & Zott C，2001，2015）。交易伙伴之间流畅的信息沟通，可以帮助企业通过合作伙伴更好地掌握客户需求变化。因此，企业可以更好地根据市场变化调整技术创新方向，使技术创新的成功率更高。效率型商业模式强调降低交易参与者之间的交易成本，这将有利于企业在高技术积累环境开展技术的积累和创新。基于以上分析，本书提出以下假设。

H11a：技术累积对自主研发和创新绩效的关系具有正向调节效应。

H11b：技术累积对购买引进和创新绩效的关系具有负向调节效应。

H11c：技术累积负向调节新颖型商业模式和创新绩效的关系。

H11d：技术累积正向调节效率型商业模式和创新绩效的关系。

四、知识基属的调节效应

知识基属是指那些支撑企业开展技术创新活动的知识的基本性质，而这些知识包括基础科学知识和应用科学知识（Breschi S

et al.，2000）。基础科学与企业不断深化的技术创新活动密切相关，应用科学知识有利于企业创造出破坏性的创新成果（Breschi S et al.，2000）。基础科学知识的突破有利于企业创新成果的扩大和延伸，应用科学知识的突破则与企业产品生产的工业应用有直接联系（Arora A et al.，2018）。纳尔逊和温特（1982）研究发现，多样化经营的企业愿意在基础科学知识的研发上投入更多的资金，基础科学知识的进步可以通过新知识应用的牵引效应带来更多经营领域创新，从而为企业创造更高的经济效益。由此可见，当企业所在环境具有高知识基属时，企业必须进行持续的技术知识研发。自主研发是企业独立开展技术创新，并将创新成果运用于企业生产的过程（Lee K H & Min B，2015）。因此，这类企业具有较强的技术吸收和研发能力。高知识基属环境要求企业不断开展技术知识的研发，持续投入研发。因此，高知识基属正向促进自主研发的发展（Lee K H & Min B，2015）。购买引进是企业通过购买方式从其他企业引进技术创新成果（Thite M et al.，2016）。当企业所处的技术环境具有高知识基属时，企业需要具备较强的技术知识基础才能开展创新活动（Arora A et al.，2018），这时企业就很难依靠购买方式获取技术进步，因为购买引进会使企业自身失去创造新知识的能力。

新颖型商业模式强调企业通过开拓新合作伙伴或创造新交易方式为企业创造新价值（Amit R & Zott C，2001，2015）。因此，新颖型商业模式要求企业具有不断开拓创新的能力。因为处于高知识基属环境的企业具备更好的知识吸收和创造能力，所以企业通过新颖型商业模式能够创造更多的新交易方式或开拓出新交易伙伴（吕鸿江等，2016）。因此，高知识基属环境可以提高新颖型商业模式对企业创新绩效的促进作用。效率型商业模式强调通过提高现有交易方式的有效性降低企业的交易成本，从而帮助企业创造更多的价值（Amit R & Zott C，2001，2015）。这个过程企业会更多地重视成本控制和交易开展的有效性，从而影响企业对技术研发的投入。高知识基属环境要求企业不断投入研发，从而提高企业技术创新能力（Lee K H & Min B，2015）。由此可见高知识基属环境不利于重视企业内部成本控制的效率型商业模式。基于以上分析，本书提出以下假设。

H12a：知识基属对自主研发和创新绩效的关系具有正向调节效应。

H12b：知识基属对购买引进和创新绩效的关系具有负向调节效应。

H12c：知识基属正向调节新颖型商业模式和创新绩效的关系。

H12d：知识基属负向调节效率型商业模式和创新绩效的关系。

本书依据已有研究文献对技术体制调节商业模式与创新绩效的关系开展了深入分析。根据帕克和科伊恩（2006）的观点，将技术体制分为技术机会、技术独占、技术累积和知识基属，分别分析了不同技术体制环境对商业模式与创新绩效关系的影响。根据上述分析提出了16个研究假设，具体如表6-1所示。根据上述研究假设，结合技术创新的中介效应研究结果，构建了技术体制对商业模式与创新绩效关系产生调节效应的概念模型，具体如图6-1所示。

表6-1 研究假设汇总

序号	研究假设
H9a	技术机会正向调节自主研发和创新绩效的关系
H9b	技术机会正向调节购买引进和创新绩效的关系
H9c	技术机会正向调节新颖型商业模式和创新绩效的关系
H9d	技术机会正向调节效率型商业模式和创新绩效的关系
H10a	技术独占正向调节自主研发和创新绩效的关系
H10b	技术独占负向调节购买引进和创新绩效的关系
H10c	技术独占负向调节新颖型商业模式和创新绩效的关系
H10d	技术独占正向调节效率型商业模式和创新绩效的关系
H11a	技术累积对自主研发和创新绩效的关系具有正向调节效应
H11b	技术累积对购买引进和创新绩效的关系具有负向调节效应
H11c	技术累积负向调节新颖型商业模式和创新绩效的关系
H11d	技术累积正向调节效率型商业模式和创新绩效的关系
H12a	知识基属对自主研发和创新绩效的关系具有正向调节效应
H12b	知识基属对购买引进和创新绩效的关系具有负向调节效应
H12c	知识基属正向调节新颖型商业模式和创新绩效的关系
H12d	知识基属负向调节效率型商业模式和创新绩效的关系

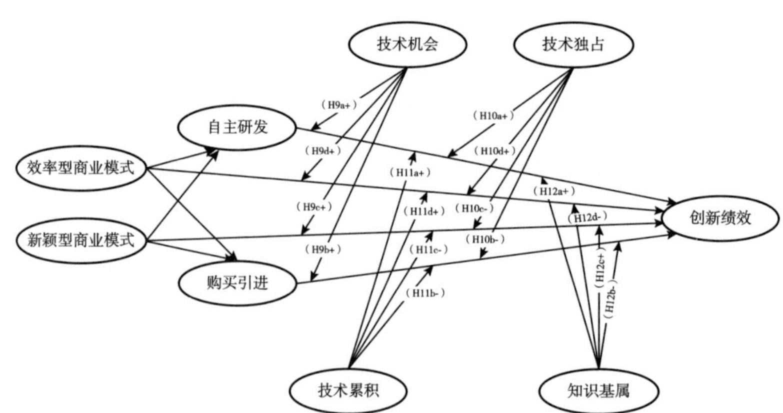

图6-1 技术体制对商业模式与创新绩效关系的调节效应

第三节 变量测量

本部分研究涉及的变量有技术机会、技术累积、技术独占和知识基属。本部分通过梳理已有文献选择了国内外经典实证研究的成熟量表开展变量测度。很多学者采用专利数量或专利引用数量对技术机会进行测量。帕克和科伊恩（2006）采用平均年专利申请增长率测量行业的技术机会。迈克尔·冯（2004）在测量技术机会时采用了 2 个指标——专利数、实际引用数，并研究得出专利数正向影响企业研发绩效，但是实际引用数反向影响企业研发产出的结论。特拉亨伯格（1990）测量技术机会时采用了专利被引用次数。谢金秀（2020）根据跨类型的专利分布情况分析不同类型企业的技术机会。布雷斯基等（2000）在测量技术机会时采用了 2 个指标——机会变量、外部知识来源。上述分析表明，在分析研发强度和创新绩效时，很多实证研究都涉及了技术机会这个变量。

以往研究关于技术独占的测量，往往采用间接测量方法，且主要采用主观打分法和客观数据测量法（Malerba，F & Orsenigo，L，1996）。帕克和科伊恩（2006）在实证研究时采用了客观数据测量法，采用一个产业特定的时间范围内，自引专利数占总专利引用数的比率开展技术独占的测量。引用专利如果比较集中在同一个申请单位，意味着知识的转移主要存在于发明者所在组织的内部，组织与组织之间的知识转移比较困难。这种情况下行业环境具有较高的技术独占。布雷斯基等（2000）在实证研究时运用了主观打分法，认为技术独占可以通过测量企业防止专利和商业秘密被竞争者模仿的有效程度获得，其中企业创新包括产品创新和流程创新。

帕克和科伊恩（2006）使用行业创新的持续性表达技术累积，且使用行业持续创新者的专利数占总专利数的比例测量技术累积。学者别华荣（2010）从两个方面对技术累积开展测量：其一，测量企业创新的频繁程度对模仿者的影响程度；其二，测量企业技术创新对已有技术的依赖程度。布雷斯基等（2000）使用技术进步频率对产品创新的影响程度，以及商业模仿的不经济性测量技术累积。

布雷斯基等（2000）对意大利、德国和英国三个国家的437家公司和机构开展实证研究，要求问卷调查对象对过去十年公共资助对基础科学或应用科学知识发展的重要性进行评分，以此测量知识基属与企业创新的直接关系。本部分根据高新技术服务企业的特点，综合已有的测量方法和专家意见，最终采用了布雷斯基等（2000）的量表。本部分测量技术体制的量表包含19个题项，具体情况如表6－2所示。

表6－2　　技术体制

变量	题项	文献来源
技术机会	行业内企业在研发上都进行了大量投入	Breschi S et al.，2000
	行业内每年产生大量的新技术	
	本行业很多技术知识来自供应商、客户以及研发机构	

续表

变量	题项	文献来源
技术独占	行业内的企业使用专利、商业秘密等方式保护技术创新成果	Breschi S et al.，2000
	在行业内企业使用专利、商业秘密等方式就能很好地保护技术创新成果	
	在行业内，企业的创新很难被模仿	
	在行业内，企业能够通过技术创新获得较高的回报	
技术累积	在行业内，频繁的创新才能保证竞争者难以模仿	
	在行业内，由于技术变革较快，模仿者只能获得有限的利润	
	在行业内，没有充分的技术储备是无法进行技术创新的	
	在行业内，企业的技术创新主要依赖于现有的技术	
知识基属	企业对产品开发的相关知识具有广泛认识	
	企业全面了解行业内的核心技术知识	
	企业全面掌握运营方面的知识	
	企业掌握全面的管理理论和实践知识	
	企业在专业技术领域处于国内同行业领先水平	
	企业对产品开发方面的相关知识具有深刻认识	
	企业掌握复杂的行业核心技术	
	企业熟练运用独特的运营知识	

第四节　数据收集

本书先将3520家企业从1到3520进行编号，再采用随机数表抽取了600家样本企业。600家样本企业分布在我国的不同省份。对于愿意接受现场访问的企业，调研团队安排调查人员直接到企业开展现场访问调查，对于不愿意接受现场访问的企业，采用 E-mail 向企业管理人员发放调查问卷。笔者从大学筛选 20 名商科学生组建了调查小组，并对调查小组的成员开展了调查技巧训练。他们完全掌握调查方法后才开展具体的调查工作。

本书对调查问卷开展了小样本测试，以此检测调查问卷的效度和信度，并使用随机数表从 3520 家企业中抽取了 80 家企业开展小样本测试。根据小样本测试的结果对调查问卷进一步完善，再使用完善后的调查问卷开展大样本数据收集。小样本测试和大样本调查的问卷回收情况如表 6－3 所示。

表 6－3　　小样本测试和大样本调查的问卷回收情况

类别	问卷发放方式	发放数量（份）	回收数量（份）	有效问卷数量（份）	回收率（%）	有效问卷率（%）
小样本测试	现场调查访问	57	56	54	98.2	94.7
	电子邮件	23	15	13	65.2	56.5
	汇总	80	71	67	88.8	83.8
大样本调查	现场调查访问	435	426	406	97.9	93.3
	电子邮件	165	90	83	54.5	50.3
	汇总	600	516	489	86.0	81.5

第五节　数据分析

一、小样本测试

本部分以变量为单位对量表开展了信度和效度检测，以此检测调查问卷是否可靠和有效。本部分主要关注不同题项的差异情况，因此开展了同等信度检测（Neuman，1997），还采用 Cronbach's Alpha 系数检测量表的内部一致性。

（1）小样本基本特征分布情况。本部分在小样本调查中获得了 67 家企业的有效问卷，对这 67 家企业的企业年龄（到 2021 年 7 月为止）、企业规模（员工人数）开展分析，得出这些企业的基本情况符合本部分的研究对象要求，具体情况如表 6－4 所示。

表 6－4 小样本企业的基本特征分布情况（N＝67）

类别	控制变量	具体情况	样本数量（份）	百分比（%）	累计百分比（%）
小样本（N＝67）	企业成立时间（年）	<5	5	7.5	7.5
		6～10	28	41.8	49.3
		11～15	21	31.3	80.6
		>15	13	19.4	100
	企业员工人数（人）	<100	8	11.9	11.9
		101～300	21	31.4	43.3
		301～1000	23	34.3	77.6
		>1000	15	22.4	100
大样本（N＝489）	企业成立时间（年）	<5	39	8	8
		6～10	204	41.7	49.7
		11～15	144	29.4	79.1
		>15	102	20.9	100
	企业员工人数（人）	<100	58	11.9	11.9
		101～300	146	29.8	41.7
		301～1000	204	41.7	83.4
		>1000	81	16.6	100

（2）技术机会量表小样本测试。根据前文所述，本部分依据布雷斯基等（2000）研究成果，将技术体制分为技术机会、技术累积、技术独占和知识基属。因此，本部分分别对技术机会、技术累积、技术独占和知识基属的量表开展了小样本检测，并根据小样本检测的结果对调查问卷进行了修改。

通过对技术机会量表开展信度和效度检测，得出 KMO 值为 0.729，大于 0.70，Sig. 值为 0.000，小于 0.001，Cronbach's Alpha 值为 0.880。量表所有题项的项已删除的 Cronbach's Alpha 值都小于量表整体的 Cronbach's Alpha 值，具体分析结果如表 6－5 所示。因此，技术机会量表具有较好的信度和效度，符合研究要求。

表 6－5　　技术机会性量表小样本测试结果（N＝67）

变量	题项	平均值	标准偏差	项已删除的 Cronbach's Alpha
技术机会	行业内企业在研发上都进行了大量的投入	5.46	1.119	0.860
	行业内每年产生大量的新技术	5.31	1.047	0.790
	本行业很多技术知识来自供应商、客户、研发机构	5.43	1.090	0.841

注：Cronbach's Alpha＝0.880，KMO 值＝0.729，Sig.＝0.000。

（3）技术独占量表小样本测试。本部分对技术独占量表开展信度和效度检测，得出 KMO 值为 0.779，大于 0.70，Sig. 值为

0.000，小于0.001，Cronbach's Alpha 值为0.796，大于0.7，属于可以接受的范围。量表所有题项的项已删除的 Cronbach's Alpha 值都小于整体量表的 Cronbach's Alpha 值，具体分析结果如表 6－6 所示。因此，技术独占量表具有较好的信度和效度，符合研究要求。

表 6－6　　技术独占性量表小样本测试结果（N＝67）

变量	题项	平均值	标准偏差	项已删除的 Cronbach's Alpha
技术独占	行业内的企业使用专利、商业秘密等方式保护技术创新成果	5.28	1.253	0.725
	在行业内企业使用专利、商业秘密等方式就能很好地保护技术创新成果	4.97	1.314	0.731
	在行业内，企业的创新很难被模仿	5.09	1.311	0.780
	在行业内，企业能够通过技术创新获得较高的回报	5.07	1.341	0.744

注：Cronbach's Alpha＝0.796，KMO 值＝0.779，Sig.＝0.000。

（4）技术累积量表小样本测试。本部分对技术累积量表开展信度和效度检测，得出 KMO 值为 0.777，大于 0.70，Sig. 值为 0.000，小于0.001，Cronbach's Alpha 值为0.825。量表所有题项的项已删除的 Cronbach's Alpha 值都小于整体量表 Cronbach's Alpha 值，具体分析结果如表 6－7 所示。因此，技术累积量表具有较好的信度和效度，符合研究要求。

表 6－7　　技术累积性量表小样本测试结果（N＝67）

变量	题项	平均值	标准偏差	项已删除的 Cronbach's Alpha
技术累积	在行业内，频繁的创新才能保证竞争者难以模仿	5.16	1.333	0.780
	在行业内，由于技术变革较快，模仿者只能获得有限的利润	5.13	1.358	0.752
	在行业内，没有充分的技术储备是无法进行技术创新的	5.18	1.154	0.745
	在行业内，企业的技术创新主要依赖于现有的技术	4.87	1.325	0.836

注：Cronbach's Alpha＝0.825，KMO 值＝0.777，Sig.＝0.000。

（5）知识基属量表小样本测试。本部分对知识基属量表开展信度和效度检测，得出 KMO 值为 0.822，大于 0.70，且 Sig. 值为 0.000，小于 0.001，Cronbach's Alpha 值为 0.814，具体分析结果如表 6－9 所示。从分析结果可以发现，题项“企业掌握复杂的行业核心技术”的项已删除的 Cronbach's Alpha 值为 0.846，大于整体量表 Cronbach's Alpha 值 0.822。因此，知识基属量表需要删除题项“企业掌握复杂的行业核心技术”后重新检测，具体分析结果如表 6－8 所示。

表 6－8　　　　知识基属性量表小样本测试结果（N＝67）

变量	题项	平均值	标准偏差	项已删除的 Cronbach's Alpha
知识基属	企业对产品开发的相关知识具有广泛认识	4.84	1.274	0.800
	企业全面了解行业内的核心技术知识	4.81	1.209	0.796
	企业全面掌握运营方面的知识	4.84	1.226	0.785
	企业掌握全面的管理理论与实践知识	4.87	1.325	0.778
	企业在专业技术领域处于国内同行业领先水平	5.00	1.337	0.779
	企业对产品开发方面的相关知识具有深刻认识	5.13	1.266	0.765
	企业掌握复杂的行业核心技术	5.07	1.132	0.846
	企业熟练运用独特的运营知识	5.28	1.289	0.779

注：Cronbach's Alpha＝0.814，KMO 值＝0.822，Sig. ＝0.000。

将题项“企业掌握复杂的行业核心技术”删除后，对知识基属量表重新开展信度和效度检测，得出 KMO 值为 0.842，大于 0.70，Sig. 值为 0.000，小于 0.001，Cronbach's Alpha 值为 0.846。量表所有题项的项已删除的 Cronbach's Alpha 值都小于整体量表的 Cronbach's Alpha 值，具体分析结果如表 6－9 所示。因此，删除题项“企业掌握复杂的行业核心技术”后的知识基属量表具有较好的信度和效度，符合研究要求。后期收集大样本数据所用知识基属量表为删除题项“企业掌握复杂的行业核心技术”后的新量表。

表 6－9　调整后的知识基属性量表小样本测试结果（N＝67）

变量	题项	平均值	标准偏差	项已删除的 Cronbach's Alpha
知识基属	企业对产品开发的相关知识具有广泛认识	4.84	1.274	0.838
	企业全面了解行业内的核心技术知识	4.81	1.209	0.841
	企业全面掌握运营方面的知识	4.84	1.226	0.820
	企业掌握全面的管理理论与实践知识	4.87	1.325	0.818
	企业在专业技术领域处于国内同行业领先水平	5.00	1.337	0.826
	企业对产品开发方面的相关知识具有深刻认识	5.13	1.266	0.806
	企业熟练运用独特的运营知识	5.28	1.289	0.819

注：Cronbach's Alpha＝0.846，KMO 值＝0.842，Sig.＝0.000。

本部分通过对调查问卷开展小样本检测，删除了题项“企业掌握复杂的行业核心技术”。调整后的调查问卷经过信度和效度检测，表明所有变量的量表都符合研究要求，因此本部分获得了一份完整的新调查问卷（见附录：关于商业模式对高新技术服务企业创新绩效影响的调查问卷）。本部分将使用这份调整后的调查问卷开展大样本数据收集。

二、变量的信度效度

本部分使用完善后的调查问卷进行调查，收集到 489 份有效问卷，基于大样本数据开展信度和效度检验，并对技术体制开展了验证因子分析，以此确保实证分析的结果是可靠的。因为效率型商业模式、新颖型商业模式、购买引进、自主研发和创新绩效的信度和效度已经在技术创新的中介效应研究部分开展了检验，所以本部分只对 4 个调节变量的量表开展信度和效度检验。

4 个调节变量的信度检验结果如表 6－10 所示。4 个变量的 Cronbach's Alpha 值均大于 0.8，而且“校正项总相关性”“项已删除的 Cronbach's Alpha”等指标都满足要求。分析结果表明 4 个调节变量的信度通过检验，因此 4 个调节变量的测度具有良好的一致性。

表 6－10　　调节变量的信度检验结果（N＝489）

<table>
<tr><th>变量</th><th>题项</th><th>校正项总相关性</th><th>项已删除的 Cronbach's Alpha</th><th>Cronbach's Alpha</th></tr>
<tr><td rowspan="3">技术机会</td><td>S1. 行业内企业在研发上都进行了大量的投入</td><td>0.871</td><td>0.927</td><td rowspan="3">0.944</td></tr>
<tr><td>S2. 行业内每年产生大量的新技术</td><td>0.896</td><td>0.907</td></tr>
<tr><td>S3. 本行业很多技术知识来自供应商、客户、研发机构</td><td>0.880</td><td>0.919</td></tr>
<tr><td rowspan="4">技术独占</td><td>Y1. 行业内的企业使用专利、商业秘密等方式保护技术创新成果</td><td>0.684</td><td>0.756</td><td rowspan="4">0.821</td></tr>
<tr><td>Y2. 在行业内企业使用专利、商业秘密等方式就能很好地保护技术创新成果</td><td>0.691</td><td>0.752</td></tr>
<tr><td>Y3. 在行业内，企业的创新很难被模仿</td><td>0.558</td><td>0.813</td></tr>
<tr><td>Y4. 在行业内，企业能够通过技术创新获得较高的回报</td><td>0.644</td><td>0.774</td></tr>
</table>

续表

变量	题项	校正项总相关性	项已删除的 Cronbach's Alpha	Cronbach's Alpha
技术累积	C1. 在行业内，频繁的创新才能保证竞争者难以模仿	0.715	0.812	0.857
	C2. 在行业内，由于技术变革较快，模仿者只能获得有限的利润	0.745	0.799	
	C3. 在行业内，没有充分的技术储备是无法进行技术创新的	0.677	0.828	
	C4. 在行业内，企业的技术创新主要依赖于现有的技术	0.668	0.832	
知识基属	K1. 企业对产品开发的相关知识具有广泛认识	0.647	0.902	0.907
	K2. 企业全面了解行业内的核心技术知识	0.672	0.899	
	K3. 企业全面掌握运营方面的知识	0.768	0.889	
	K4. 企业掌握全面的管理理论与实践知识	0.739	0.892	
	K5. 企业在专业技术领域处于国内同行业领先水平	0.716	0.894	
	K6. 企业对产品开发方面的相关知识具有深刻认识	0.789	0.886	
	K7. 企业熟练运用独特的运营知识	0.730	0.893	

本部分对调节变量开展了验证因子分析，并构建了调节变量的验证模型，如图 6－2 所示，还开展了模型拟合度分析，结果如表 6－11 所示。X2/df 值为 2.092，小于 3，该指标在可以接受

的范围内。CFI 和 TLI 值均大于 0.9，RMSEA 值为 0.047，小于 0.05，各路径系数均符合 P＜0.001，显著性通过检验。这些检验结果表明模型具有良好的拟合效果。因此，本部分对技术机会、技术独占、技术累积和知识基属的测度是有效的。

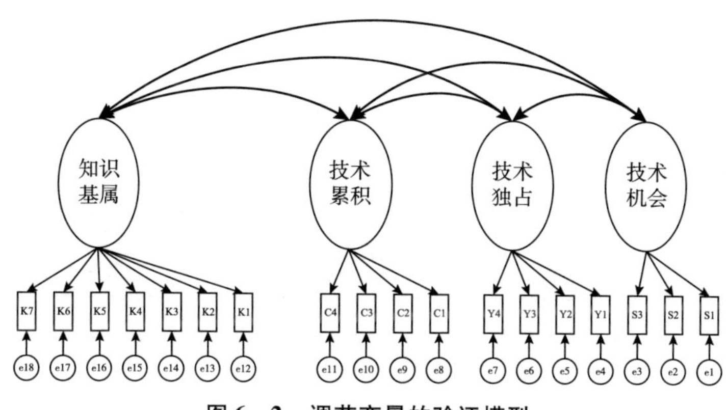

图 6－2　调节变量的验证模型

表 6－11　　调节变量的模型拟合度测量结果（N＝489）

路径			标准化路径系数	Estimate	S. E.	C. R.	P
S3	⟵	技术机会	0.919	1.000			
S2	⟵	技术机会	0.941	1.007	0.028	35.626	***
S1	⟵	技术机会	0.904	1.015	0.031	32.564	***
Y4	⟵	技术独占	0.730	1.000			
Y3	⟵	技术独占	0.722	0.839	0.068	12.415	***
Y2	⟵	技术独占	0.792	1.041	0.068	15.285	***
Y1	⟵	技术独占	0.787	1.018	0.067	15.233	***
C4	⟵	技术累积	0.730	1.000			
C3	⟵	技术累积	0.744	1.021	0.067	15.231	***

续表

路径			标准化路径系数	Estimate	S. E.	C. R.	P
C2	⟵	技术累积	0.831	1.192	0.071	16.718	***
C1	⟵	技术累积	0.795	1.105	0.068	16.181	***
K5	⟵	知识基属	0.761	1.000			
K4	⟵	知识基属	0.771	0.992	0.057	17.513	***
K3	⟵	知识基属	0.808	0.962	0.052	18.472	***
K2	⟵	知识基属	0.708	0.844	0.053	15.905	***
K1	⟵	知识基属	0.792	0.879	0.057	15.497	***
K6	⟵	知识基属	0.837	1.056	0.055	19.248	***
K7	⟵	知识基属	0.776	1.009	0.057	17.639	***

注：X^2 为269.880，CFI为0.972，df为129，X^2/df 为2.092，TLI为0.966，RMSEA为0.047。

三、描述性统计和相关性分析

本部分在开展回归分析之前，对各变量进行了描述性分析和相关性分析，结果如表6－12所示。企业规模（A3）、企业年龄（A1）是控制变量。创新绩效（I）是因变量。效率型商业模式（T）、新颖型商业模式（N）是自变量，购买引进（B）、自主研发（M）是中介变量。技术机会（S）、技术独占（Y）、技术累积（C）和知识基属（K）是调节变量。

表 6-12　描述性统计分析和相关性系数矩阵（N=489）

变量	A1	A3	T	N	M	B	S	Y	C	K	I
A1	1										
A3	0.140**	1									
T	-0.066	-0.014	1								
N	-0.086	0.001	0.172**	1							
M	-0.035	0.055	0.173**	0.167**	1						
B	0.005	-0.085	0.253**	0.170**	-0.007	1					
S	-0.064	0.001	-0.003	0.092*	0.079	0.058	1				
Y	-0.069	0.038	0.162**	0.021	0.114*	-0.162**	0.115*	1			
C	0.015	0.023	0.182**	-0.074	0.113*	-0.108*	0.102*	0.239**	1		
K	-0.056	-0.036	0.109*	0.214**	0.082	-0.107*	0.047	0.118**	0.049	1	
I	-0.039	-0.039	0.200**	0.200**	0.160**	0.210**	0.242**	0.104*	0.029	0.045	1
平均数	11.902	766	5.141	5.225	5.135	5.214	5.378	5.090	5.134	4.965	5.513
标准偏差	5.967	997	0.926	0.991	1.053	1.034	1.303	1.099	1.146	1.084	0.989
样本数量	489	489	489	489	489	489	489	489	489	489	489

注：** 表示 $p<0.01$（双尾），相关性显著；* 表示 $p<0.05$（双尾），相关性显著。

四、多元回归分析

本部分使用大样本数据开展多元回归分析验证技术体制的调节效应假设。

1. 多重共线检验、异方差和序列相关检验

本部分所使用回归模型的 VIF 指数均处于 0 和 3 之间，因此自变量、控制变量之间不存在多重共线性情况。

异方差问题主要反映因变量的方差是否和自变量存在明显的相同变化趋势，主要使用散点图进行判断（马国庆，2002）。以标准化预测值为横轴，以标准化残差为纵轴，绘制残差项散点图。如果散点呈现无序分布，则说明异方差情况不存在。本书回归模型的散点图均呈现无序分布状态，因此回归模型都不存在异方差问题。

序列相关问题主要针对时序性数据。本部分所使用的数据是通过调查问卷获得的截面数据，因此无须开展序列相关问题的检验。

2. 回归分析结果

本部分在开展调节效应分析前对解释变量、调节变量的原始数据进行了去中心化处理，因此可以避免自变量与调节变量的交互项和自变量产生共线问题。本部分使用以下回归方程分析调节效应。

$$y = a + bx + cm + e \qquad (6-1)$$

$$y = a + bx + cm + dmx + e \tag{6-2}$$

其中，y 为因变量，x 为解释变量，m 为调节变量，mx 为调节变量与自变量的交互项，系数是 a、b、c、d。本部分通过检验系数 d 的显著性分析调节效应。回归分析的结果如下所示。

（1）技术机会对自主研发和创新绩效关系的调节效应检验。使用模型 1 回归分析了技术机会、自主研发对创新绩效的主效应。模型 2 在模型 1 的基础上添加了表征技术机会调节效应的二维交互项（技术机会 × 自主研发）。通过回归分析得出技术机会与自主研发的交互项回归系数为正（0.134），且显著性为 0.003，小于 0.05。因此，技术机会在自主研发和创新绩效的关系中具有正向调节效应，研究假设 H9a 得到了支持。具体回归分析结果如表 6 – 13 所示。

表 6 – 13　技术机会在自主研发和创新绩效关系中作用的回归分析结果

模型	变量	非标准化系数		标准化系数	t	Sig.
		B	标准偏差	Beta		
模型 1	技术机会（S）	0.153	0.034	0.202	4.548	0.000
	自主研发（M）	0.121	0.041	0.129	2.971	0.003
模型 2	技术机会 × 自主研发	0.095	0.031	0.134	3.018	0.003

注：因变量为 I，自变量为 M，调节变量为 S，R^2 为 0.090，F 为 17.071。

（2）技术机会对购买引进和创新绩效关系的调节效应检验。使用模型 1 回归分析了技术机会、购买引进对创新绩效的主效应。模型 2 在模型 1 的基础上添加了表征技术机会调节效应的二维交互项（技术机会 × 购买引进）。通过回归分析得出技术机会与购买引进的交互项回归系数为正（0.056），但是显著性为0.197，大于0.05。因此，技术机会在购买引进和创新绩效的关系中不产生调节效应，研究假设H9b不成立。具体回归分析结果如表6－14所示。

表6－14　技术机会在购买引进和创新绩效关系中作用的回归分析结果

模型	变量	非标准化系数		标准化系数	t	Sig.
		B	标准偏差	Beta		
模型1	技术机会（S）	0.177	0.033	0.233	5.397	0.000
	购买引进（B）	0.182	0.041	0.191	4.395	0.000
模型2	技术机会 × 购买引进	0.042	0.032	0.056	1.292	0.197

注：因变量为I，自变量为B，调节变量为S，R^2 为0.095，F为17.995。

（3）技术机会对新颖型商业模式和创新绩效关系的调节效应检验。使用模型1回归分析了技术机会、新颖型商业模式对创新绩效的主效应。模型2在模型1的基础上添加了表征技术机会调节效应的二维交互项（技术机会 × 新颖型商业模式）。通过回归分析得出技术机会与新颖型商业模式的交互项回归系数为正（0.125），且显著性为0.004，小于0.05。因此，技术机会在新颖型商业模式和创新绩效的关系中具有正向调节效应，研究假设H9c得到了支持。具体回归分析结果如表6－15所示。

表 6－15　　　技术机会在新颖型商业模式和创新绩效关系中作用的回归分析结果

模型	变量	非标准化系数		标准化系数	t	Sig.
		B	标准偏差	Beta		
模型 1	技术机会（S）	0. 161	0. 033	0. 212	4. 884	0. 000
	新颖型商业模式（N）	0. 176	0. 043	0. 176	4. 092	0. 000
模型 2	技术机会 × 新颖型商业模式	0. 093	0. 032	0. 125	2. 894	0. 004

注：因变量为 I，自变量为 N，调节变量为 S，R^2 为 0. 101，F 为 19. 188。

（4）技术机会的调节效应检验。使用模型 1 回归分析了技术机会、效率型商业模式对创新绩效的主效应。模型 2 在模型 1 的基础上添加了表征技术机会调节效应的二维交互项（技术机会 × 效率型商业模式），通过回归分析得出技术机会与效率型商业模式的交互项回归系数为正（0. 153），且显著性为 0. 001，小于 0. 05。因此，技术机会在效率型商业模式和创新绩效的关系中具有正向调节效应，研究假设 H9d 得到了支持。具体回归分析结果如表 6－16 所示。

表 6－16　　　技术机会在效率型商业模式和创新绩效关系中作用的回归分析结果

模型	变量	非标准化系数		标准化系数	t	Sig.
		B	标准偏差	Beta		
模型 1	技术机会（S）	0. 157	0. 033	0. 207	4. 725	0. 000
	效率型商业模式（T）	0. 204	0. 046	0. 191	4. 469	0. 000

续表

模型	变量	非标准化系数		标准化系数	t	Sig.
		B	标准偏差	Beta		
模型 2	技术机会×效率型商业模式	0.122	0.035	0.153	3.486	0.001

注：因变量为I，自变量为T，调节变量为S，R^2 为0.115，F为22.240。

（5）技术独占对自主研发和创新绩效关系的调节效应。使用模型1回归分析了技术独占、自主研发对创新绩效的主效应。模型2在模型1的基础上添加了表征技术独占调节效应的二维交互项（技术独占×自主研发）。通过回归分析得出技术独占与自主研发的交互项回归系数为正（0.200），且显著性为0.000，小于0.05。因此，技术独占在自主研发和创新绩效的关系中具有正向调节效应，研究假设H10a得到了支持。具体回归分析结果如表6－17所示。

表6－17　技术独占性在自主研发和创新绩效关系中作用的回归分析结果

模型	变量	非标准化系数		标准化系数	t	Sig.
		B	标准偏差	Beta		
模型 1	技术独占（Y）	0.089	0.040	0.099	2.239	0.026
	自主研发（M）	0.130	0.041	0.138	3.137	0.002
模型 2	技术独占×自主研发	0.173	0.038	0.200	4.566	0.000

注：因变量为I，自变量为M，调节变量为Y，R^2 为0.067，F为12.693。

（6）技术独占对购买引进和创新绩效关系的调节效应。使用模型 1 回归分析了技术独占、购买引进对创新绩效的主效应。模型 2 在模型 1 的基础上添加了表征技术独占调节效应的二维交互项（技术独占 × 购买引进）。通过回归分析得出技术独占与购买引进的交互项回归系数为负（ -0.168），且显著性为 0.000，小于 0.05。因此，技术独占在购买引进和创新绩效的关系中具有负向调节效应，研究假设 H10b 得到了支持。具体回归分析结果如表 6 - 18 所示。

表 6 - 18　　技术独占性在购买引进和创新绩效关系中作用的回归分析结果

模型	变量	非标准化系数		标准化系数	t	Sig.
		B	标准偏差	Beta		
模型 1	技术独占（Y）	0.129	0.039	0.143	3.267	0.001
	购买引进（B）	0.225	0.042	0.235	5.354	0.000
模型 2	技术独占 × 购买引进	-0.149	0.038	-0.168	-3.880	0.000

注：因变量为 I，自变量为 B，调节变量为 Y，R^2 为 0.086，F 为 16.318。

（7）技术独占对新颖型商业模式和创新绩效关系的调节效应。使用模型 1 回归分析了技术独占、新颖型商业模式对创新绩效的主效应。模型 2 在模型 1 的基础上添加了表征技术独占调节效应的二维交互项（技术独占 × 新颖型商业模式）。通过回归分析得出技术独占与新颖型商业模式的交互项回归系数为负（ -0.018），但是显著性为 0.683，大于 0.05。因此，技术独占在新颖型商业模式和创新绩效的关系中不产生调节效应，研究假设 H10c 不成立。具体回归分析结果如表 6 - 19 所示。

表 6 - 19　　技术独占在新颖型商业模式和创新绩效关系中作用的回归分析

模型	变量	非标准化系数		标准化系数	t	Sig.
		B	标准偏差	Beta		
模型 1	技术独占（Y）	0.090	0.040	0.100	2.258	0.024
	新颖型商业模式（N）	0.200	0.044	0.200	4.500	0.000
模型 2	技术独占 × 新颖型商业模式	-0.016	0.040	-0.018	-0.408	0.683

注：因变量为 I，自变量为 N，调节变量为 Y，R^2 为 0.045，F 为 8.59。

（8）技术独占对效率型商业模式和创新绩效关系的调节效应。使用模型 1 回归分析了技术独占、效率型商业模式对创新绩效的主效应。模型 2 在模型 1 的基础上添加了表征技术独占调节效应的二维交互项（技术独占 × 效率型商业模式）。通过回归分析得出技术独占与效率型商业模式的交互项回归系数为正（0.101），且显著性为 0.022，小于 0.05。因此，技术独占在效率型商业模式和创新绩效的关系中具有正向调节效应，研究假设 H10d 得到了支持。具体回归分析结果如表 6 - 20 所示。

表 6－20　　　技术独占在效率型商业模式和创新绩效关系中作用的回归分析结果

模型	变量	非标准化系数		标准化系数	t	Sig.
		B	标准偏差	Beta		
模型 1	技术独占（Y）	0.063	0.040	0.070	1.566	0.118
	效率型商业模式（T）	0.196	0.048	0.183	4.096	0.000
模型 2	技术独占×效率型商业模式	0.105	0.046	0.101	2.291	0.022

注：因变量为 I，自变量为 T，调节变量为 Y，R^2 为 0.050，F 为 9.486。

（9）技术累积对自主研发和创新绩效关系的调节效应。使用模型 1 回归分析了技术累积、自主研发对创新绩效的主效应。模型 2 在模型 1 的基础上添加了表征技术累积调节效应的二维交互项（技术累积×自主研发）。通过回归分析得出技术累积与自主研发的交互项回归系数为正（0.152），且显著性为 0.001，小于 0.05。因此，技术累积在自主研发和创新绩效的关系中具有正向调节效应，研究假设 H11a 得到了支持。具体回归分析结果如表 6－21 所示。

表 6－21　　　技术累积在自主研发和创新绩效关系中作用的回归分析结果

模型	变量	非标准化系数		标准化系数	t	Sig.
		B	标准偏差	Beta		
模型 1	技术累积（C）	0.017	0.039	0.020	0.447	0.655
	自主研发（M）	0.143	0.042	0.152	3.404	0.001
模型 2	技术累积×自主研发	0.124	0.036	0.152	3.430	0.001

注：因变量为 I，自变量为 M，调节变量为 C，R^2 为 0.043，F 为 8.274。

（10）技术累积对购买引进和创新绩效关系的调节效应。使用模型 1 回归分析了技术累积、购买引进对创新绩效的主效应。模型 2 在模型 1 的基础上添加了表征技术累积调节效应的二维交互项（技术累积 × 购买引进）。通过回归分析得出技术累积与购买引进的交互项回归系数为负（-0.154），且显著性为 0.000，小于 0.05。因此，技术累积在购买引进和创新绩效的关系中具有负向调节效应，研究假设 H11b 得到了支持。具体回归分析结果如表 6-22 所示。

表 6-22　技术累积在购买引进和创新绩效关系中作用的回归分析结果

模型	变量	非标准化系数		标准化系数	t	Sig.
		B	标准偏差	Beta		
模型 1	技术累积（C）	0.054	0.038	0.063	1.424	0.155
	购买引进（B）	0.211	0.042	0.221	5.015	0.000
模型 2	技术累积 × 购买引进	-0.132	0.038	-0.154	-3.517	0.000

注：因变量为 I，自变量为 B，调节变量为 C，R^2 为 0.065，F 为 12.244。

（11）技术累积对新颖型商业模式和创新绩效关系的调节效应。使用模型 1 回归分析了技术累积、新颖型商业模式对创新绩效的主效应。模型 2 在模型 1 的基础上添加了表征技术累积调节效应的二维交互项（技术累积 × 新颖型商业模式）。通过回归分析得出技术累积与新颖型商业模式的交互项回归系数为正（0.048），但是显著性为 0.282，大于 0.05。因此，技术累积在新颖型商业模式和创新绩效的关系中不产生调节效应，研究假设 H11c 不成立。具体回归分析结果如表 6-23 所示。

表 6 - 23　　　技术累积在新颖型商业模式和创新绩效关系中作用的回归分析结果

模型	变量	非标准化系数		标准化系数	t	Sig.
		B	标准偏差	Beta		
模型 1	技术累积（C）	0.034	0.039	0.039	0.870	0.385
	新颖型商业模式（N）	0.199	0.045	0.200	4.473	0.000
模型 2	技术累积 × 新颖型商业模式	0.042	0.039	0.048	1.078	0.282

注：因变量为 I，自变量为 N，调节变量为 C，R^2 为 0.039，F 为 7.515。

（12）技术累积对效率型商业模式和创新绩效关系的调节效应。使用模型 1 回归分析了技术累积、效率型商业模式对创新绩效的主效应。模型 2 在模型 1 的基础上添加了表征技术累积调节效应的二维交互项（技术累积 × 效率型商业模式）。通过回归分析得出技术累积与效率型商业模式的交互项回归系数为正（0.138），且显著性为 0.002，小于 0.05。因此，技术累积在效率型商业模式和创新绩效的关系中起到正向调节效应，研究假设 H11d 得到了支持。具体回归分析结果如表 6 - 24 所示。

表 6 - 24　　　技术累积在效率型商业模式和创新绩效关系中作用的回归分析结果

模型	变量	非标准化系数		标准化系数	t	Sig.
		B	标准偏差	Beta		
模型 1	技术累积（C）	-0.012	0.039	-0.014	-0.309	0.757
	效率型商业模式（T）	0.202	0.048	0.189	4.211	0.000

续表

模型	变量	非标准化系数		标准化系数	t	Sig.
		B	标准偏差	Beta		
模型 2	技术累积×效率型商业模式	0.130	0.042	0.138	3.104	0.002

注：因变量为 I，自变量为 T，调节变量为 C，R^2 为 0.059，F 为 10.078。

（13）知识基属对自主研发和创新绩效关系的调节效应。使用模型 1 回归分析了知识基属、自主研发对创新绩效的主效应。模型 2 在模型 1 的基础上添加了表征知识基属调节效应的二维交互项（知识基属×自主研发）。通过回归分析得出知识基属与自主研发的交互项回归系数为正（0.214），且显著性为 0.000，小于 0.05。因此，知识基属在自主研发和创新绩效的关系中具有正向调节效应，研究假设 H12a 得到了支持。具体回归分析结果如表 6－25 所示。

表 6－25　知识基属在自主研发和创新绩效关系中作用的回归分析结果

模型	变量	非标准化系数		标准化系数	t	Sig.
		B	标准偏差	Beta		
模型 1	知识基属（K）	0.038	0.040	0.041	0.938	0.349
	自主研发（M）	0.138	0.041	0.147	3.341	0.001
模型 2	知识基属×自主研发	0.192	0.039	0.214	4.880	0.000

注：因变量为 I，自变量为 M，调节变量为 K，R^2 为 0.066，F 为 12.560。

（14）知识基属对购买引进和创新绩效关系的调节效应。使用模型 1 回归分析了知识基属、购买引进对创新绩效的主效应。模型 2 在模型 1 的基础上添加了表征知识基属调节效应的二维交互项（知识基属 × 购买引进）。通过回归分析得出知识基属与购买引进的交互项回归系数为负（ – 0. 095），且显著性为 0. 033，小于 0. 05。因此，知识基属在购买引进和创新绩效的关系中具有负向调节效应，研究假设 H12b 得到了支持。具体回归分析结果如表 6 – 26 所示。

表 6 – 26　　知识基属在购买引进和创新绩效关系中作用的回归分析结果

模型	变量	非标准化系数		标准化系数	t	Sig.
		B	标准偏差	Beta		
模型 1	知识基属（K）	0. 066	0. 041	0. 073	1. 636	0. 103
	购买引进（B）	0. 204	0. 042	0. 213	4. 804	0. 000
模型 2	知识基属 × 购买引进	– 0. 088	0. 041	– 0. 095	– 2. 141	0. 033

注：因变量为 I，自变量为 B，调节变量为 K，R^2 为 0. 052，F 为 9. 867。

（15）知识基属对新颖型商业模式和创新绩效关系的调节效应。使用模型 1 回归分析了知识基属、新颖型商业模式对创新绩效的主效应。模型 2 在模型 1 的基础上添加了表征知识基属调节效应的二维交互项（知识基属 × 新颖型商业模式）。通过回归分析得出知识基属与新颖型商业模式的交互项回归系数为正（0. 126），且显著性为 0. 005，小于 0. 05。因此，知识基属在新颖型商业模式和创新绩效的关系中具有正向调节效应，研究假设 H12c 得到了支持。具体回归分析结果如表 6 – 27 所示。

表 6－27　　知识基属在新颖型商业模式和创新绩效关系中作用的回归分析结果

模型	变量	非标准化系数		标准化系数	t	Sig.
		B	标准偏差	Beta		
模型 1	知识基属（K）	3.255	0.041	0.000	0.001	0.999
	新颖型商业模式（N）	0.188	0.045	0.189	4.160	0.000
模型 2	知识基属 × 新颖型商业模式	0.121	0.042	0.126	2.842	0.005

注：因变量为 I，自变量为 N，调节变量为 K，R^2 为 0.050，F 为 9.573。

（16）知识基属对效率型商业模式和创新绩效关系的调节效应。使用模型 1 回归分析了知识基属、效率型商业模式对创新绩效的主效应。模型 2 在模型 1 的基础上添加了表征知识基属调节效应的二维交互项（知识基属 × 效率型商业模式）。通过回归分析得出知识基属与效率型商业模式的交互项回归系数为正（0.021），但是显著性为 0.636，大于 0.05。因此，知识基属在效率型商业模式和创新绩效的关系中不产生调节效应，研究假设 H12d 不成立。具体回归分析结果如表 6－28 所示。

表 6－28　　知识基属在效率型商业模式和创新绩效关系中作用的回归分析结果

模型	变量	非标准化系数		标准化系数	t	Sig.
		B	标准偏差	Beta		
模型 1	知识基属（K）	0.018	0.041	0.020	0.445	0.656
	效率型商业模式（T）	0.209	0.048	0.196	4.365	0.000

续表

模型	变量	非标准化系数		标准化系数	t	Sig.
		B	标准偏差	Beta		
模型 2	知识基属 × 效率型商业模式	0.020	0.042	0.021	0.473	0.636

注：因变量为 I，自变量为 T，调节变量为 K，R^2 为 0.035，F 为 6.900。

第六节　研究结果和讨论

本部分基于 489 家高新技术服务企业的大样本数据对研究假设开展了实证检验，结果表明大部分研究假设获得了支持。因为研究假设 H9b、H10c、H11c、H12d 没有得到支持，因此根据验证结果修改了研究模型，修改后的研究模型如图 6－3 所示。

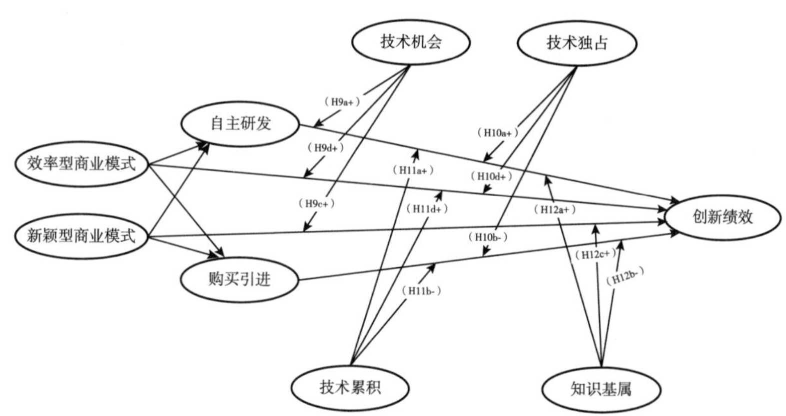

图 6－3　技术体制的调节效应模型

一、技术机会的调节效应

根据大样本数据的实证分析结果，技术机会正向调节自主研发和创新绩效之间的关系，假设 H9a 通过验证（回归系数为 0.134，p 小于 0.05）。企业开展自主研发时主要依靠自身能力获取新技术，高技术机会环境使企业自主研发获取新技术的概率提高，从而提高企业创新绩效（Leten B et al.，2016；Giachetti C & Marchi G，2017）。因此，高技术机会环境有利于企业采取自主研发方式开展技术创新，并提高企业的创新绩效。处于高技术机会环境的企业，自主研发对创新绩效的促进作用会越强。

根据大样本数据的实证分析结果，假设 H9b 没有通过验证。技术机会对购买引进和创新绩效关系的调节效应没有通过验证。可能的原因是企业通过购买引进可以从外部环境获取新技术和新知识，虽然外部环境的技术机会发生变化，但是企业通过购买引进获取的新技术不受影响。因此，技术机会对购买引进和创新绩效关系的调控影响无法体现出来。也可能是受到本书所选行业的局限性或样本数量限制使实证分析结果出现偏差，这方面的情况有待今后开展进一步地深入探讨。

根据大样本数据的实证分析结果，技术机会正向调节新颖型商业模式和创新绩效之间的关系，假设 H9c 通过验证（回归系数为 0.125，p 小于 0.05）。新颖型商业模式通过增加新合作伙伴和新交易方式帮助企业获取更多的新技术（Zott C & Amit R，2007），处于高技术机会环境的企业能够从外部环境获得更多的知识和技术（Leten B et al.，2016；Giachetti C & Marchi G，2017）。因此，处于高技术机会环境的企业，新颖型商业模式更有利于企业获得新技术和知识，从而有利于企业的技术创新。技术机会越高，新颖型商业模式对创新绩效的促进作用会越强。

根据大样本数据的实证分析结果，技术机会正向调节效率型商业模式和创新绩效之间的关系，假设 H9d 通过验证（回归系数为0.153，p 小于0.05）。效率型商业模式通过提高企业的交易效率和降低交易成本增加企业与合作伙伴的黏性，从而帮助企业从合作伙伴那里获取新的技术和知识（Zott C & Amit R，2007）。处于高技术机会环境的企业能够从外部环境获得更多的知识和技术（Leten B et al.，2016；Giachetti C & Marchi G，2017）。因此，高技术机会环境效率型商业模式有利于企业从合作伙伴那里获取新技术和知识，从而提高企业的创新绩效。技术机会越多，效率型商业模式对创新绩效的促进作用会越强。

二、技术独占的调节效应

根据大样本数据的实证分析结果，技术独占正向调节自主研发和创新绩效之间的关系，假设 H10a 通过验证（回归系数为0.200，p 小于0.05）。高技术独占环境具有更高的技术专利保护性（阳银娟等，2020），在这种环境企业更愿意对技术创新进行投资。技术专利保护性越好，企业自主研发的积极性会越高，所以高技术独占环境有利于企业开展自主研发，从而提高创新绩效。环境的技术独占越高，自主研发对创新绩效的促进作用会越强。

根据大样本数据的实证分析结果，技术独占负向调节购买引进和创新绩效之间的关系，假设 H10b 通过验证（回归系数为 -0.154，p 小于 0.05）。高技术独占环境具有更高的技术专利保护性（阳银娟等，2020），在这种环境企业无法通过技术溢出效应以低成本方式获取其他企业的技术创新成果。因此，企业通过购买引进获取新技术需要付出更高的购买费用，所以处于高技术独占环境的企业通过购买引进获取新技术的难度加大，企业的创新绩效将受到负面的影响。环境的技术独占越强，购买引进对创新绩效的促进作用会越弱。

根据大样本数据的实证分析结果，假设 H10c 没有通过验证。技术独占对新颖型商业模式和创新绩效关系的调节效应没有通过验证。可能的原因是新颖型商业模式开拓新交易方式和新合作伙伴能够帮助企业获取新技术信息，有利于企业开展技术创新。当外部环境的技术独占变化时，企业创新绩效在新颖型商业模式帮助下不受其变化影响。因此，技术独占对新颖型商业模式和创新绩效关系的调控影响无法体现出来。也可能是受到本书所选行业的局限性或样本数量的影响使实证分析的结果出现偏差，这方面的情况有待今后开展进一步地深入探讨。

根据大样本数据的实证分析结果，技术独占正向调节效率型商业模式和创新绩效之间的关系，假设 H10d 通过验证（回归系数为 0.101，p 小于 0.05）。效率型商业模式有利于企业与合作伙伴高效率地开展信息交流和交易活动（Zott C & Amit R，2007），这些有利于企业在高技术独占环境和其他企业开展研发合作和技术交流。因此，高技术独占环境效率型商业模式能够通过高效的技术引进和技术研发促进企业创新绩效的提高。该研究结论与帕克和科伊恩（2006）、布雷斯基（2000）等学者的研究结果是相似的。外部环境的技术独占越强，效率型商业模式对创新绩效的促进作用会越强。

三、技术累积的调节效应

根据大样本数据的实证分析结果，技术累积正向调节自主研发和创新绩效之间的关系，假设 H11a 通过验证（回归系数为 0. 152，p 小于 0. 05）。高技术累积环境要求企业加强技术的积累（赵心刚等，2012）。企业采取自主研发方式开展技术创新有利于增强企业对知识和技术的掌握能力，从而增强企业对技术创新的自主权。因此，高技术累积环境有利于企业通过自主研发提高创新绩效。环境的技术累积越高，自主研发对创新绩效的促进作用会越强。该研究结论与帕克和科伊恩（2006）、布雷斯基等（2000）的研究结果是相似的。

根据大样本数据的实证分析结果，技术累积对购买引进和创新绩效的关系具有负向的调节效应，假设 H11b 通过验证（回归系数为 -0. 154，p 小于 0. 05）。高技术累积环境要求企业加强技术的积累（赵心刚等，2012）。企业通过购买引进方式开展技术创新不利于企业对技术知识的掌握，也不利于企业对技术知识的积累和传承。高技术累积环境企业无法通过购买引进掌握最新的技术发展趋势。因此，高技术累积环境不利于企业通过购买引进方式提高创新绩效。环境的技术累积越强，购买引进对创新绩效的促进作用会越弱。

根据大样本数据的实证分析结果，假设 H11c 没有通过验证。技术累积对新颖型商业模式和创新绩效关系的调节效应没有通过验证。可能的原因在于当企业处于高技术累积环境时，新颖型商业模式可以帮助企业开拓新合作伙伴和新交易方式以持续获取新的市场需求信息和技术信息。企业借助新颖型商业模式带来的信息溢出效应也能够促进技术创新。因此，技术累积的变化对新颖型商业模式和创新绩效关系的调控影响无法体现出来。也可能受到本书所选研究行业的局限性或样本数量的影响，这方面的情况有待今后开展进一步地深入探讨。

根据大样本数据的实证分析结果，技术累积对效率型商业模式和创新绩效的关系具有正向的调节效应，假设 H11d 通过验证（回归系数为 0.138，p 小于 0.05）。高技术累积环境要求企业加强技术的积累（赵心刚等，2012）。效率型商业模式通过提高企业交易效率和降低交易成本，从而帮助企业加快技术的累积（Zott C & Amit R，2007）。因此，高技术累积环境有利于企业通过效率型商业模式加快技术创新，从而提高创新绩效。当环境的技术累积越强时，效率型商业模式对创新绩效的促进作用会越强。

四、知识基属的调节效应

根据大样本数据的实证分析结果，知识基属正向调节自主研发和创新绩效之间的关系，假设 H12a 通过验证（回归系数为 0. 214，p 小于 0. 05）。高知识基属环境促使企业在技术创新时广泛吸收新知识和创造新知识（曾德明等，2020）。企业采取自主研发方式开展技术创新有利于企业增强自身对新知识的掌握能力。高知识基属环境会进一步促进企业在开展自主研发时加大对新知识创造的投入，从而有利于技术创新发展。因此，高知识基属环境有利于企业通过自主研发开展技术创新，并促进创新绩效的提高。环境的知识基属越高，自主研发对创新绩效的促进作用会越强。

根据大样本数据的实证分析结果，知识基属对购买引进和创新绩效的关系具有负向的调节效应，假设 H12b 通过验证（回归系数为 -0. 095，p 小于 0. 05）。企业采取购买引进方式开展技术创新时需要从外部购买新技术和知识。高知识基属环境需要企业具有掌握知识和技术的能力。企业采取购买引进方式获取新技术和知识不利于自身技术和知识创造能力的培养。因此，高知识基属环境不利于企业通过购买引进提升创新绩效。环境的知识基属越高，购买引进对创新绩效的促进作用会越弱。

根据大样本数据的实证分析结果，知识基属正向调节新颖型商业模式和创新绩效之间的关系，假设 H12c 通过验证（回归系数为 0. 126，p 小于 0. 05）。高知识基属环境促使企业在技术创新时广泛吸收新技术和创造新知识（曾德明等，2020）。新颖型商业模式通过开拓新交易方式和新合作伙伴帮助企业获取外部信息（Zott C & Amit R，2007）。高知识基属环境带来的知识溢出效应有利于企业通过新颖型商业模式获取外部信息。因此，高知识基属环境有利于企业通过新颖型商业模式获取新知识和技术，从而促进企业创新绩效提高。环境的知识基属越高，新颖型商业模式对创新绩效的促进作用会越强。

根据大样本数据的实证分析结果，假设 H12d 没有通过验证，说明知识基属对效率型商业模式和创新绩效之间的关系没有调节效应。可能的原因在于高知识基属环境可以促使企业在技术创新时广泛吸收新知识和创造新知识。效率型商业模式通过提高企业交易效率和降低企业交易成本，从而增加企业与合作伙伴的黏性（Zott C & Amit R，2007）。效率型商业模式有利于企业从合作伙伴获取新知识和技术。因此，外部环境知识基属的变化对效率型商业模式和创新绩效关系的调控影响无法体现出来。也可能受到本书所选行业的局限性或样本数量的影响，这方面的情况有待今后开展进一步地深入探讨。

第七节　本部分研究总结

本部分围绕技术体制对商业模式和创新绩效关系的调节效应，提出了 16 个研究假设，构建了检验模型，并以调查问卷方式收集了 489 家高新技术服务企业数据开展实证研究。通过综合运用探索因子、验证因子、回归分析等方法，深入探讨了技术体制对商业模式和创新绩效关系的影响，结合已有研究成果和专家意见设计了技术体制的量表，并通过小样本测试对调查问卷内容进行检测和修改，最终形成了信度和效度较好的量表。

本部分运用回归分析方法对调节效应研究假设开展了实证检验，研究假设验证情况如表6－29所示。技术机会对购买引进和创新绩效的关系具有正向调节效应（H9b）没有通过验证。技术独占对新颖型商业模式和创新绩效的关系具有负向调节效应（H10c）没有通过验证。技术累积对新颖型商业模式和创新绩效的关系具有负向调节效应（H11c）没有通过验证。知识基属对效率型商业模式和创新绩效具有负向调节效应（H12d）没有通过验证。但是大样本数据回归分析结果表明，技术机会对自主研发和创新绩效的关系具有正向调节效应。技术机会对新颖型商业模式和创新绩效的关系具有正向调节效应。技术机会对效率型商业模式和创新绩效的关系具有正向调节效应。技术独占对自主研发和创新绩效的关系具有正向调节效应。技术独占对效率型商业模式和创新绩效的关系具有正向调节效应。技术独占对购买引进和创新绩效的关系具有负向调节效应。技术累积对自主研发和创新绩效的关系具有正向调节效应。技术累积对效率型商业模式和创新绩效的关系具有正向调节效应。技术累积对购买引进和创新绩效的关系具有负向调节效应。知识基属对自主研发和创新绩效的关系具有正向调节效应。知识基属对效率型商业模式和创新绩效的关系具有正向调节效应。知识基属对购买引进和创新绩效之间的关系具有负向调节效应。

表 6-29　　技术体制调节效应的验证情况

序号	研究假设	结果
H9a	技术机会正向调节自主研发和创新绩效之间的关系	成立
H9b	技术机会正向调节购买引进和创新绩效之间的关系	不成立
H9c	技术机会对新颖型商业模式和创新绩效的关系具有正向调节效应	成立
H9d	技术机会对效率型商业模式和创新绩效的关系具有正向调节效应	成立
H10a	技术独占正向调节自主研发和创新绩效之间的关系	成立
H10b	技术独占负向调节购买引进和创新绩效之间的关系	成立
H10c	技术独占对新颖型商业模式和创新绩效的关系具有负向调节效应	不成立
H10d	技术独占对效率型商业模式和创新绩效的关系具有正向调节效应	成立
H11a	技术累积正向调节自主研发和创新绩效之间的关系	成立
H11b	技术累积负向调节购买引进对创新绩效之间的关系	成立
H11c	技术累积负向调节新颖型商业模式和创新绩效之间的关系	不成立
H11d	技术累积正向调节对效率型商业模式和创新绩效的关系	成立
H12a	知识基属对自主研发和创新绩效的关系具有正向调节效应	成立
H12b	知识基属对购买引进和创新绩效的关系具有负向调节效应	成立
H12c	知识基属对新颖型商业模式和创新绩效的关系具有正向调节效应	成立
H12d	知识基属对效率型商业模式和创新绩效的关系具有负向调节效应	不成立

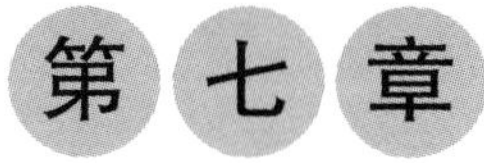

研究结论与展望

本书先通过典型案例探索了商业模式对创新绩效的影响机制，并通过大样本数据实证分析了技术创新的中介效应以及技术体制的调节效应。本部分主要对本书的研究结论、理论贡献与实践启示开展讨论，并对研究存在的不足和未来研究方向开展讨论。

第一节 研究结论

本书围绕“商业模式对创新绩效的影响机制”这一基本命题开展研究，结合使用了质性研究和定量研究，综合运用了理论推导、案例分析、问卷调查和统计分析等方法，通过三个子研究逐层深入开展分析，最终形成了以下主要研究结论。

一、效率型和新颖型商业模式显著地正向影响创新绩效

根据研究对象的特点采用佐特和阿米特（2007，2008，

2011）的研究方法，将商业模式分为效率型和新颖型，并分别探索了效率型和新颖型商业模式影响企业创新绩效的机理。本书首先对6家典型高新技术服务企业开展了探索性案例研究，再通过问卷调查收集了489家高新技术服务企业的大样本数据并开展了实证研究，研究结果证明将商业模式划分为效率型和新颖型的构念是有效的，并实证了效率型和新颖型商业模式正向影响企业创新绩效。

二、技术创新对商业模式和创新绩效的关系具有中介效应

本书采用沃格勒和卡西曼（1999）的研究结论，将技术创新分为自主研发和购买引进两种方式。研究发现，自主研发和购买引进均在效率型商业模式与创新绩效关系中产生中介效应。自主研发、购买引进都对新颖型商业模式和创新绩效之间的关系具有中介作用。效率型和新颖型商业模式都对自主研发具有显著的正向影响。效率型和新颖型商业模式也都对购买引进具有显著的正向影响。自主研发和购买引进都正向促进创新绩效。

三、技术体制的调节效应

本书采用布雷斯基等（2000）的研究结论，将技术体制分为技术机会、技术独占、技术累积和知识基属。研究发现，技术机会正向调节自主研发、效率型商业模式，以及新颖型商业模式和创新绩效之间的关系。技术独占对自主研发、效率型商业模式和

创新绩效的关系均具有正向调节效应。技术独占对购买引进和创新绩效的关系具有负向调节效应。技术累积正向调节自主研发、效率型商业模式和创新绩效之间的关系。技术累积对购买引进和创新绩效的关系具有负向调节效应。知识基属对自主研发、新颖型商业模式和创新绩效的关系均具有正向调节效应。知识基属对购买引进和创新绩效的关系均具有负向调节效应。

第二节　理论贡献

通过对商业模式、技术创新、技术体制和创新绩效关系的研究，构建了商业模式对创新绩效的影响机制模型，并对相关理论研究进行了拓展和深化。本书的主要理论贡献包括以下三个方面。

一、对发展中地区企业开展创新绩效研究的贡献

第一，以往有关创新绩效的研究主要关注韩国、日本等新兴工业化地区企业的创新发展过程（Lee K & Lim C，2001；Mathews J A，2002），而对发展中地区企业关注较少。我国经济从 1978 年改革开放之后快速崛起，企业创新绩效的提升是在具有中国特色的情境开展的。我国是发展中国家，企业经营环境与发达地区和新兴工业化地区的情境有着很大的区别，我国企业的成功发展经验对发展中地区企业具有更为有效的借鉴意义。

第二，创新绩效最初是在工业革命之后被提出的（王方端，2008），因此关于创新绩效的研究也主要集中于工业技术创新（Lee K & Lim C，2001；Mathews J A，2002）。随着时代的发展，第二、第三产业在社会经济中占据的比例越来越高。随着信息技术的快速发展，技术创新和创新绩效的内涵也得到了极大的丰富和发展。以高新技术服务企业作为研究对象拓展了创新绩效研究范围。

二、对商业模式研究的贡献

第一，通过分析商业模式对创新绩效的影响机制，一方面验证了商业模式概念的有效性，另一方面丰富和拓展了商业模式理论。通过深入剖析商业模式概念厘清了其理论基础和发展脉络，不仅验证了商业模式的价值逻辑（Zott C & Amit R，2007，2008；Zott C et al.，2011），而且发现良好的商业模式设计可以帮助发展中地区企业克服后发劣势和发挥后发优势，从而实现企业创新绩效的快速发展。

第二，本书进一步验证了商业模式与企业战略是两个完全不同的构念，并搭建了商业模式与创新绩效之间的桥梁。依据权变理论分析了商业模式、技术创新、技术体制与创新绩效的关系，发现不同技术体制环境对商业模式、技术创新和创新绩效的关系会产生不同的调节效应。本书的研究进一步丰富了权变理论。

三、对技术体制研究的贡献

尽管技术体制对创新绩效的影响已经获得学术界的普遍认同，但以往的研究主要关注产业层面，主要分析技术体制对不同产业创新行为的影响（Breschi S et al.，2000；Lee K & Lim C，2001）。本书从企业层面把技术体制作为企业的技术情境，依据布雷斯基等（2000）的研究，将技术机会、技术独占、技术累积和知识基属引入商业模式对创新绩效的影响机制研究，剖析了技术机会、技术独占、技术累积和知识基属对商业模式、技术创新和创新绩效关系的调节效应。研究发现，在不同的技术体制环境商业模式、技术创新对创新绩效的影响存在差异。因此，企业需要根据所处的技术体制特点选择合适的商业模式和技术创新方式，这样才能有利于企业创新绩效提升。

第三节　对管理实践的建议

虽然基于商业模式视角的企业创新绩效研究刚刚起步，但是良好的商业模式帮助发展中地区企业获取了竞争优势。本书以我国创新绩效最为领先的高新技术服务企业为研究对象，分析了发展中地区企业商业模式对创新绩效的影响机制，以及技术创新的中介效应和技术体制的调节效应。本书的研究成果具有一定的实践指导意义。

一、认识并重视商业模式设计对发展中地区企业创新绩效的作用

本书研究结果表明，商业模式设计能够促进发展中地区企业创新绩效提升。因此，商业模式设计是值得发展中地区企业重视的实践活动。随着全球化进程的加快和信息技术的高速发展，产业的边界变得愈加模糊。价值创造活动涉及的范围从单一的企业个体向跨产业的企业网络转变，价值链也不断瓦解、碎片化和模块化，并重构以全球制造网络为基础的价值网络（Westergren U H & Holmstrom J，2012）。良好的商业模式设计一方面可以帮助发展中地区企业有效发挥后发优势，另一方面也能够帮助企业克服后发劣势。面对全球技术新一轮的快速发展，发展中地区企业想通过巨额研发投入实现超越发达地区企业的目标，变得无法实现。利用良好的商业模式设计发挥后发优势和克服后发劣势，融入新的全球价值网络，已经成为发展中地区企业实现创新发展的重要途径（Wu X et al.，2010；吴晓波等，2013）。因此，发展中地区企业在创新发展的过程需要充分重视商业模式的重要性，并提高商业模式设计水平。商业模式并无好坏之分，只要能够适合企业的经营情境，帮助企业更好地开展价值创造活动，就是有效的商业模式设计。

二、企业需要根据经营情境选择合适的商业模式类型和技术创新方式

从本书研究结果可知，效率型商业模式和新颖型商业模式都有助于发展中地区企业创新绩效的提升。但是为了实现企业创新的快速高效发展，发展中地区企业需要充分发挥商业模式和技术创新之间的协同作用。不同的商业模式类型与不同的技术创新方式结合对发展中地区企业的创新发展具有不同的作用效果。企业需要根据经营情境选择合适的商业模式类型和技术创新方式。如此，商业模式和技术创新之间才能产生良好的匹配效果。本书研究结果还表明，不同的技术体制环境对商业模式、技术创新和创新绩效之间的关系会产生不同的调节效应。因此，企业需要根据所处的技术体制环境选择合适的商业模式类型和技术创新方式，从而最大限度地提升企业创新绩效。

三、动态调整商业模式类型和技术创新方式以实现创新绩效的持续提升

发展中地区企业所处经营情境是十分复杂和动态变化的。企业的商业模式类型和技术创新方式受到企业自身状况、经营环境、行业特点等因素的共同影响。因此，企业的商业模式类型和技术创新方式需要根据内外部影响因素的变化进行动态调整。只有企业的商业模式类型和技术创新方式与自身状况、经营环境、

行业特点等因素相适应时，才可能确保企业创新绩效的持续提升。为了创造有利的经营环境和自身状况，企业可以前瞻性的影响环境。因此，企业不管处于有利或不利的经营环境都需要有动态调整商业模式类型和技术创新方式的思考，还需要具有前瞻性影响企业内外部因素的策略。

第四节　研究的局限

本书结合文献研究、案例研究和定量研究等研究方法，围绕“商业模式对创新绩效的影响机制”开展了深入分析，研究结论可以丰富和拓展商业模式、技术创新、技术体制和创新绩效的理论研究，对于发展中地区企业的商业模式设计、技术创新方式选择具有现实意义，但是仍然存在一些局限性。

（1）样本的局限。由于本书使用随机数表开展简单随机抽样，导致选取的样本企业没有合理地分布于不同产业类型，也没有兼顾不同年龄和规模的企业。大样本数据中初创企业（成立时间少于 5 年）所占比例只有 7.5%，初创企业所占比例偏少的情况可能影响研究结论的可行性，因为成熟企业与初创企业在具体经营管理方面存在明显差异，但是本书的研究结论无法体现两者的差异。因此，虽然本书使用的样本企业数量满足实证分析要求，但是较难对样本企业开展分层次、分类型的深入研究，后续如果条件允许，将尝试对不同类型的企业开展更加细分的研究。

（2）变量测度的局限。本书采用李克特七级量表对商业模式、技术创新、技术体制和创新绩效等变量开展测量，并结合已有经典量表、企业实地访谈内容和专家修改意见开展调查问卷的设计。虽然调查问卷通过了信度和效度检验，但是这种主观评分方法仍然不可避免地存在主观判断偏差的缺陷。未来的研究应该采用更加客观的方法对变量开展测量，如此才能进一步提高研究结论的信度和效度，使研究结论更具有可靠性和可重复性。

（3）行业选择的局限。本书选择了高新技术服务企业作为研究对象，高新技术服务企业是我国企业创新绩效水平较高的一类群体。这类企业最可能实现先进信息技术与良好商业模式设计合理匹配（吴晓波等，2014），但是本书聚焦于高新技术服务企业的行为可能会使研究结论缺乏普适性。因此，本书的研究结论在适用性方面可能存在局限。

（4）研究深度的局限。虽然本书在研究商业模式对创新绩效的影响机制时考虑了技术创新的中介效应和技术体制的调节效应，但是缺乏更细致的影响机制分析，还有很多深度问题没有解决，例如，效率型商业模式和新颖型商业模式在企业内部组织结构设计方面的具体表现；企业不同时期效率型商业模式与新颖型商业模式之间的交互作用和二者的平衡；企业为适应不同技术体制环境导致内部组织结构发生变化的机制；其他外部情境因素（例如，市场环境、政策环境等）对企业创新绩效的影响等。

第五节　未来研究展望

商业模式已经逐渐成为学术界和实践领域的关注重点。从商业模式与技术创新结合的视角研究创新绩效正成为管理领域的研究热点之一，由于本书存在局限和不足，将来的相关研究可以沿着以下几个方面开展。

第一，探索效率型商业模式与新颖型商业模式之间的平衡。两种主题的商业模式都对企业创新绩效具有促进作用，而且在同一个企业的同一时期可能同时存在两种主题商业模式的特征（Zott C & Amit R，2008）。两种主题的商业模式之间是否存在交互作用？如果存在交互作用，具体机制如何？同时存在于同一个企业的两种主题商业模式如何实现相互平衡？这些都是有趣和复杂的实践问题。组织的二元性范式可以为这些问题的解释提供思路（Liu Yang，Wei Jiang & Ying Ying，2011）。

第二，从时间过程角度对企业开展跟踪调查。商业模式对企业创新绩效的影响是一个不断变化的实践过程。虽然本书在设计调查问卷时对此有所兼顾，但是通过被调查者回忆的方式收集数据不可避免地存在较大偏差。因此，今后的研究可以尝试对研究对象开展跟踪调查，分阶段获取相关变量的数据。如此，收集的数据既可以更加准确地检验变量之间的关系，也可以引入时间框架开展纵向研究。

第三，探索样本企业的多样化分布。由于本书的研究对象聚焦于高新技术服务企业，而且在抽样时没有兼顾不同类型、年龄和规模的企业，使研究结论的普适性不高。今后的研究对象需要增加不同类型的企业，在抽样时可以采取分层抽样法使样本企业在不同类型、年龄和规模的企业中合理分布，如此才能使研究结论具有更强的适用性。

总之，结合商业模式、技术创新、技术体制和创新绩效开展研究是一个崭新且极具理论价值和实践意义的研究方向，该研究方向值得今后继续开展更为深入的探索。

附录：关于商业模式对高新技术服务企业创新绩效影响的调查问卷

尊敬的先生/女士：

您好！本调查问卷来自一项学术研究项目。调研的目的旨在探索商业模式对创新绩效的影响机制，问卷答案没有对错或优劣之分。如果某个问题的答案不能完全表达您的意见，请选择最接近您想法的答案，或给出您的理想答案。本问卷的内容不会涉及贵公司的商业机密，所收集的信息也不会用于任何商业目的，仅用于本次学术研究。本问卷的填写过程将需要10分钟左右，请您放心并客观填写。

您的回答对我们的研究非常重要，非常感谢您的配合！

第一部分为基本信息：

A1. 贵公司已经成立多长时间		A2. 您在公司工作了多长时间	
A3. 贵公司员工人数		A4. 您在公司的职位	
A5. 您的教育程度	1. 高中，2. 大专，3. 本科，4. 硕士，5. 博士， 6. 若是其他，请列出______________		

第二部分为变量调查：

每个题项的 1 ~7 分值表示从不同意到同意的渐进变化，请根据自身实际情况在相应的框内打√（1 为非常不同意，4 为中立，7 为同意）	不同意↔同意						
	1	2	3	4	5	6	7
T1. 贵公司的商业模式设计帮助企业减少了经营成本（即营销成本、交易处理成本、通信成本等）							
T2. 贵公司的商业模式设计帮助企业简化了交易程序，使合作伙伴认为与贵公司进行交易活动简单易行							
T3. 贵公司的商业模式设计帮助企业降低了交易过程的出错率							
T4. 贵公司的商业模式设计帮助合作伙伴减少了经营成本（即营销成本、交易处理成本、通信成本等）							
T5. 贵公司的商业模式设计使企业与合作伙伴的交易程序具有很强的扩展性（比如，企业可以同时处理大量不同规模的交易）							
T6. 贵公司的商业模式设计使企业的经营决策更为科学合理							
T7. 贵公司的商业模式设计使交易过程更为透明，使交易过程的信息、服务和产品的使用及交付更容易被查询							
T8. 贵公司的商业模式设计使交易双方能更好地获得彼此的信息							
T9. 贵公司的商业模式设计使企业获得各种各样的商品、服务、信息和其他参与者							
T10. 贵公司的商业模式设计使交易参与者能够获取更多的需求信息							
T11. 贵公司的商业模式设计支持企业快速开展交易活动							
T12. 贵公司的商业模式设计整体提高了企业交易的效率							
N1. 贵公司的商业模式设计以新的方式实现了产品、信息和服务的结合							

续表

每个题项的1~7分值表示从不同意到同意的渐进变化，请根据自身实际情况在相应的框内打√（1为非常不同意，4为中立，7为同意）	不同意↔同意						
	1	2	3	4	5	6	7
N2. 贵公司的商业模式设计帮助企业开拓了新的业务合作者							
N3. 贵公司的商业模式设计向交易参与者提供了新颖的激励措施							
N4. 贵公司的商业模式设计帮助企业接触到不同的合作者和产品							
N5. 贵公司的商业模式设计增强了交易双方联系方式的丰富性（包括联系的质量和深度）和新颖性							
N6. 贵公司的商业模式设计帮助企业获得了更多的技术创新							
N7. 贵公司的商业模式建立在商业机密或专利基础之上							
N8. 贵公司的商业模式是行业的领先者							
N9. 贵公司不断对商业模式进行改进和创新							
N10. 竞争对手的商业模式有可能超越贵公司的商业模式							
N11. 贵公司的商业模式还存在着改进的可能性							
N12. 整体来说贵公司的商业模式是新颖的，具有创新性							
M1. 企业关键技术来源于自主研发（包括与其他企业、大学、研究机构等的合作研发）的百分比高于主要竞争对手							
M2. 企业与同行对手相比具有更强的自主研发能力							
M3. 企业研发费用占销售额的百分比高于主要竞争对手							
M4. 企业研发人员占总员工数的百分比高于主要竞争对手							
M5. 企业持续不断地研发新技术、开发新产品							
M6. 企业非常重视研发活动							
B1. 企业关键技术来源于技术引进（包括授权、研发合同、顾问公司、并购相关公司和聘用相关技术人员等）的百分比高于主要竞争对手							

续表

每个题项的1~7分值表示从不同意到同意的渐进变化，请根据自身实际情况在相应的框内打√（1为非常不同意，4为中立，7为同意）	不同意↔同意						
	1	2	3	4	5	6	7
B2. 企业与同行对手相比具有更强的技术引进能力							
B3. 企业技术引进费用占销售额的百分比高于主要竞争对手							
B4. 企业经常从外部聘请掌握核心技术的科研人员							
B5. 企业经常从外部获得重要的技术或技术的信息源							
B6. 企业从外部获得的新技术成为企业的核心技术							
S1. 行业内企业在研发上都进行了大量的投入							
S2. 行业内每年产生大量的新技术							
S3. 本行业很多技术知识来自供应商、用户以及研发机构							
Y1. 行业内的企业使用专利、商业秘密等方式保护技术创新成果							
Y2. 在行业内企业使用专利、商业秘密等方式就能很好地保护技术创新成果							
Y3. 在行业内，企业的创新很难被模仿							
Y4. 在行业内，企业能够通过技术创新获得较高的回报							
C1. 在行业内，频繁的创新才能保证竞争者难以模仿							
C2. 在行业内，由于技术变革较快，模仿者只能获得有限的利润							
C3. 在行业内，没有充分的技术储备是无法进行技术创新的							
C4. 在行业内，企业的技术创新主要依赖于现有的技术							
K1. 企业对产品开发的相关知识具有广泛认识							
K2. 企业全面了解行业内的核心技术知识							
K3. 企业全面掌握运营方面的知识							
K4. 企业掌握全面的管理理论与实践知识							

续表

每个题项的1～7分值表示从不同意到同意的渐进变化，请根据自身实际情况在相应的框内打√（1为非常不同意，4为中立，7为同意）	不同意↔同意						
	1	2	3	4	5	6	7
K5. 企业在专业技术领域处于国内同行业领先水平							
K6. 企业对产品开发方面的相关知识具有深刻认识							
K7. 企业熟练运用独特的运营知识							
I1. 企业创新的新服务项目都能达到预期的经济效益							
I2. 企业开发的新服务项目都能让客户感到满意							
I3. 企业总是提前于计划时限完成专业服务的开发							
I4. 企业开发新服务的成功率很高							

参考文献

[1] 别华荣. 基于技术体制的企业技术战略与创新绩效关系研究 [D]. 杭州: 浙江大学, 2010.

[2] 陈琦. 企业电子商务商业模式设计: IT资源前因与绩效结果 [D]. 杭州: 浙江大学, 2010.

[3] 陈仲伯. 高新技术企业持续技术创新体系研究 [D]. 长沙: 中南大学, 2003.

[4] 陈宇, 卫平. 国际技术扩散、自主创新与我国工业技术进步 [J]. 国际贸易问题, 2008 (5): 87-91.

[5] 党跃臣, 张园. 高新技术企业专利战略SWOT分析及对策 [J]. 北京理工大学学报 (社会科学版), 2009, 11 (3): 70-73.

[6] 董平, 周小春. 技术并购、吸收能力与企业技术创新动态能力——来自创业板上市公司的证据 [J]. 科技管理研究, 2018, 38 (7): 34-40.

[7] 范德成, 方璘, 宋志龙. 不同技术创新途径与产业结构升级动态互动关系研究 [J]. 科技进步与对策, 2020, 37 (5): 57-66.

[8] 龚丽敏，江诗松，魏江．试论商业模式构念的本质，研究方法及未来研究方向 [J]．外国经济与管理，2011，33 (3)：1－8.

[9] 郭熙保，文礼朋．从技术模仿到自主创新——后发国家的技术成长之路 [J]．南京大学学报（哲学·人文科学·社会科学版），2008 (1)：28－35，142.

[10] 韩啸．科技园区培育高新技术企业对策探索 [J]．企业科技与发展，2019 (9)：1－2.

[11] 侯志阳，丁元．多样性管理、心理福利与公务员的周边绩效——基于美国联邦政府的调查 [J]．公共行政评论，2017，10 (6)：149－173，213.

[12] 黄贤凤，李雷．合作创新、内部创新与企业创新绩效关系研究 [J]．科技与经济，2020，33 (5)：41－45.

[13] 黄烨菁．开放条件下的技术进步——从技术引进到自主创新 [J]．世界经济研究，2008 (6)：14－18，37，86.

[14] 霍江林．创业板高新技术上市公司成长绩效评价 [J]．统计与决策，2020 (17)：185－188.

[15] 贾根良．演化发展经济学与新结构经济学——哪一种产业政策的理论范式更适合中国国情 [J]．南方经济，2018 (1)：5－35.

[16] 江诗松，龚丽敏．跨国收购的价值创造和整合战略：对中国情境研究的启示 [J]．科研管理，2019 (6)：121－129.

[17] 姜艳萍．我国高新技术企业专利战略及对策研究 [J]．科技管理研究，2008，28 (6)：455－457.

[18] 康锐. 高新技术服务业发展研究 [D]. 武汉: 华中科技大学, 2012.

[19] 李秉成, 黄叶珍, 孙荣培. 企业年龄、规模对企业失败过程影响研究——《企业年龄、规模影响企业失败过程: 以爱沙尼亚破产企业为例》导读 [J]. 财会通讯, 2020 (15): 10-12.

[20] 李健英, 高燕. 研发投入与企业经营绩效的关系——基于京津冀地区上市公司的数据分析 [J]. 科技与经济, 2015, 28 (5): 71-75.

[21] 李金华. 中国高新技术企业的发展现实及政策思考 [J]. 财经问题研究, 2020, 442 (9): 78-85.

[22] 李苗苗. 政府补贴与风险投资视角的科技型中小企业技术创新独占工具选择研究 [D]. 西安: 西安电子科技大学, 2019.

[23] 李艳. 现代服务业系统研究 [D]. 天津: 天津大学, 2011.

[24] 李勇坚, 夏杰长. 中国高技术服务业集聚发展现状及政策建议 [J]. 经济与管理, 2011, 25 (6): 5-10.

[25] 李志辉. 权变视角下互联网时代企业管理创新研究 [J]. 商场现代化, 2020, 922 (13): 155-157.

[26] 李志强, 赵卫军. 企业技术创新与商业模式创新的协同研究 [J]. 中国软科学, 2012 (10): 117-124.

[27] 林涛, 陈昭. 技术供给侧与技术成果的经济效益测度研究——基于中国高新技术产业省级面板数据的实证 [J]. 财经

理论研究，2018（1）：65－75.

［28］林毅夫，张鹏飞．后发优势、技术引进和落后国家的经济增长［J］．经济学（季刊），2005（4）：53－74.

［29］刘玲君．高技术服务企业价值评估研究［D］．西南科技大学，2016.

［30］刘顺忠．管理科学研究方法［M］．武汉：武汉大学出版社，2012：95－103.

［31］刘夏，李文红．欧洲专利价值问卷调查的设计分析及启示［J］．情报杂志，2020，39（8）：71－75，93.

［32］刘洋，应瑛，范志刚．商业模式与技术能力共演机制研究——以聚光科技为案例［J］．自然辩证法通讯，2014，36（5）：65－72，127.

［33］刘永松，王婉楠，于东平．高技术企业技术创新效率评价及影响因素研究［J］．云南财经大学学报，2020（11）：100－112.

［34］刘云，王小黎，白旭．3D打印全球创新网络影响因素研究［J］．科学学与科学技术管理，2019，40（1）：65－88.

［35］柳卸林．不连续创新的第四代研究开发——兼论跨越发展［J］．中国工业经济，2000，9：53－58.

［36］柳卸林，何郁冰．基础研究是中国产业核心技术创新的源泉［J］．中国软科学，2011（4）：104－117.

［37］吕鸿江，吴亮，付正茂，等．商业模式设计与组织复杂性的匹配对组织适应性的影响［J］．管理学报，2016，13（3）：374－384.

［38］罗兴武，刘洋，项国鹏，等．中国转型经济情境下的商业模式创新：主题设计与量表开发［J］．外国经济与管理，2018，40（1）：33－49.

［39］马君．科技创新驱动下装备制造企业升级战略路径研究［D］．沈阳工业大学，2020.

［40］马荣康，刘凤朝．技术体制视角的中国技术领域比较优势演变特征分析［J］．管理评论，2019，31（5）：118－127.

［41］庞士恒，刘宇．技术引进对经济增长的影响研究［J］．经济研究导刊，2018（30）：8－10，24.

［42］彭伟辉．我国技术进步路径选择：一个理论模型分析［J］．经济问题探索，2019（9）：41－50.

［43］彭新敏，吴晓波，吴东．基于二次创新动态过程的企业网络与组织学习平衡模式演化——海天 1971～2010 年纵向案例研究［J］．管理世界，2011（4）：138－149.

［44］丘海斌．中国工业研发投入与知识生产门［J］．中国科技论坛，2016（1）：11－16，57.

［45］石庆焱，赵玉川．高技术服务业统计体系研究［J］．数据，2010（1）：60－62.

［46］石晓玉，林静．PISA 问卷设计新趋向——基于 PISA2021 问卷框架的分析研究［J］．上海教育科研，2020（7）：55－59.

［47］孙文杰，沈坤荣．技术引进与中国企业的自主创新：基于分位数回归模型的经验研究［J］．世界经济，2007（11）：32－43.

[48] 孙永磊，陈劲，宋晶. 企业创新方式选择对商业模式创新的影响研究 [J]. 管理工程学报，2018，32 (2)：1－7.

[49] 孙瑜康，李国平，席强敏. 技术机会、行业异质性与大城市创新集聚——以北京市制造业为例 [J]. 地理科学，2019，39 (2)：252－258.

[50] 汤建影，黄瑞华. 基于网络人际关系的 E－mail 问卷调查方法及仿真 [J]. 系统工程，2004 (5)：90－93.

[51] 汤萱. 技术引进影响自主创新的机理及实证研究——基于中国制造业面板数据的实证检验 [J]. 中国软科学，2016 (5)：119－132.

[52] 唐瑞魏. 创业失败成本对创业者再创业意愿的影响研究 [D]. 蚌埠：安徽财经大学，2020.

[53] 田雪姣，鲍新中，杨大飞. 技术创新对创业板上市企业成长的影响作用分析——基于动态面板数据的 GMM 估计 [J]. 企业经济，2020 (11)：32－37.

[54] 汪冰. 创新、创新驱动和创新驱动战略 [J]. 甘肃理论学刊，2013 (4)：24－26.

[55] 王建，胡珑瑛，马涛. 吸收能力、开放度与创新平衡模式的选择——基于上市公司的实证研究 [J]. 科学学研究，2015，33 (2)：304－312.

[56] 王仰东，杨跃承，赵志强. 高技术服务业的内涵特征及成因分析 [J]. 科学学与科学技术管理，2007 (11)：10－13.

[57] 王增栩. 我国主要地区高新技术企业发展成效比较分析 [J]. 科技创新发展战略研究，2019 (3)：22－28.

[58] 吴菲菲，米兰，黄鲁成．以技术标准为导向的企业研发方向识别与评估 [J]．科学学研究，2018，36 (10)：1837 - 1847.

[59] 吴航，陈劲．探索性与利用性国际化的创新效应：基于权变理论的匹配检验 [J]．科研管理，2019，40 (11)：102 - 110.

[60] 吴利学，曾昭睿．新中国技术进步与经济增长研究 70 年 [J]．北京工业大学学报（社会科学版），2020，20 (1)：80 - 87.

[61] 吴晓波，李思涵．中国企业从“二次创新”到“原始创新”的超越追赶之路 [J]．清华管理评论，2020 (22)：119 - 127.

[62] 吴晓波，马如飞，毛茜敏．基于二次创新动态过程的组织学习模式演进 - 杭氧 1996 ~ 2008 纵向案例研究．管理世界，2009 (2)：152 - 164.

[63] 吴晓波，姚明明，吴朝晖，等．基于价值网络视角的商业模式分类研究：以现代服务业为例 [J]．浙江大学学报（人文社会科学版），2014 (2)：64 - 77.

[64] 吴晓波，朱培忠，吴东，等．后发者如何实现快速追赶？——一个二次商业模式创新和技术创新的共演模型 [J]．科学学研究，2013，31 (11)：1726 - 1735.

[65] 吴延兵．研发存量、知识函数与生产效率 [J]．经济学（季刊），2006 (3)：1129 - 1156.

[66] 夏保华．企业持续技术创新的结构 [M]．沈阳：东北大学出版社，2001.

[67] 夏清华，娄汇阳. 基于商业模式刚性的商业模式创新仿真——传统企业与互联网企业比较 [J]. 系统工程理论与实践，2018，38 (11)：2776 – 2792.

[68] 肖利平，谢丹阳. 国外技术引进与本土创新增长：互补还是替代——基于异质吸收能力的视角 [J]. 中国工业经济，2016 (9)：75 – 92.

[69] 徐英吉. 基于技术创新与制度创新协同的企业持续成长研究 [D]. 济南：山东大学，2008.

[70] 许鹏. 小规模事业单位会计管理工作问题、原因及对策研究——基于权变理论视角、以 Z 中心为例 [J]. 山西财政税务专科学校学报，2020，22 (2)：40 – 45.

[71] 阳银娟，郭爱芳，张宏. 研发伙伴类型、独占性机制与企业突破性创新的实证研究 [J]. 重庆大学学报 (社会科学版)，2021，27 (5)：87 – 98.

[72] 杨丽君. 技术引进与制造技术对经济增长的影响——基于知识产权保护视角 [J]. 科研管理，2020 (6)：9 – 16.

[73] 杨迎昕. 试论技术创新中的制度激励 [J]. 山东理工大学学报 (社会科学版)，2002 (5)：38 – 40.

[74] 姚明明. 后发企业技术追赶机制研究：商业模式设计与技术创新战略的匹配视角 [D]. 杭州：浙江大学，2014.

[75] 姚明明，吴晓波，石涌江，戎珂，雷李楠. 技术追赶视角下商业模式设计与技术创新战略的匹配——一个多案例研究 [J]. 管理世界，2014 (10)：149 – 162，188.

[76] 姚正海，倪杰. 高技术服务业的概念分类以及对社会

经济发展的影响［J］. 商业经济，2012（6）：41－43.

［77］约瑟夫·熊彼特．经济发展理论［M］. 王永胜，译．北京：立信会计出版社，2017.

［78］曾德明，赵胜超，叶江峰，杨靓．基础研究合作、应用研究合作与企业创新绩效［J］. 科学学研究，2021，39（8）：1485－1497.

［79］曾智泽．高技术服务业的特征与内涵［J］. 科技与经济画报，2007（5）：34－35，69.

［80］张宏荣．连结动态能力与组织变革：构型理论观点［J］. 科技进步与对策，2010，27（1）：111－114.

［81］张杰，陈志远，吴书凤，孙文浩．对外技术引进与中国本土企业自主创新［J］. 经济研究，2020（7）：92－105.

［82］张炜，杨选良．自主创新概念的讨论与界定［J］. 科学学研究，2006（6）：956－961.

［83］张振刚，罗泰晔．基于知识组合理论的技术机会发现［J］. 科研管理，2020，41（8）：220－228.

［84］赵红．“轻触”还是“重触”——跨国技术并购整合模式对创新绩效的影响研究［D］. 北京：对外经济贸易大学，2019.

［85］赵静杰，徐光磊，蔡骏强，梁美荣．竞争情报活动——知识管理过程对企业创新绩效的影响机理研究［J］. 情报科学，2020，38（11）：56－63.

［86］赵胜超，曾德明，罗侦．产学研科学与技术合作对企业创新的影响研究——基于数量与质量视角［J］. 科学学与科学

技术管理，2020，41（1）：33－48.

［87］赵心刚，汪克夷，孙海洋．我国上市公司研发投入绩效的累积效应——基于修正的 Cobb－Douglas 生产函数的实证分析［J］．技术经济，2012，31（10）：47－51.

［88］郑伟，姜民杰．战略绩效动态综合评价体系构建与案例研究——基于利益相关者及权变理论［J］．会计之友，2019（20）：48－53.

［89］周寄中，张黎，汤超颖．关于自主创新与知识产权之间的联动［J］．管理评论，2005（11）：43－47，66.

［90］周菊，陈欣．并购重组支付方式与并购溢价——基于交易成本与信息不对称的解释［J］．投资研究，2019，38（12）：81－93.

［91］周琳．基于创新驱动发展战略的企业创新绩效研究［J］．经济问题，2015（5）：124－129.

［92］周晓波，陈璋．引进式技术进步方式下我国经济增长与不平衡结构的演变［J］．改革，2019（10）：57－65.

［93］周馨怡．技术创业企业技术创新与商业模式创新的互动关系机理研究［D］．南京：东南大学，2016.

［94］朱思鹏，周璐．基于权变理论的高校体育组织机构建设管理［J］．湖北体育科技，2019，38（12）：1121－1125.

［95］邹文卿，王一茹．STS 视阈下欠发达地区企业技术引进研究——基于海棠洗衣机技术引进的社会史考察［J］．科学技术哲学研究，2020，37（3）：123－128.

［96］Acemoglu D，Zilibotti F. Productivity Differences［J］.

Quarterly Journal of Economics, 2001, 116 (2): 563 - 606.

[97] Aghion P, Howitt P. A Model of Growth Through Creative Destruction [J]. Econometrica, 1992, 60 (2): 323 - 351.

[98] Aiello F, Cardamone P, Mannarino L et al. Does external R&D matter for family firm innovation? Evidence from the Italian manufacturing industry [J]. Small Business Economics, 2020, 7 (2): 1 - 16.

[99] Allon G. Competition in service industries [J]. Operations Research, 2007, 55 (1): 102 - 132.

[100] Amit R, Zott C. Crafting business architecture: the antecedents of business model design [J]. Strategic Entrepreneurship Journal, 2015, 9 (4): 331 - 350.

[101] Amit R, Zott C. Value creation in e-business [J]. Strategic Management Journal, 2001, 22 (06 - 07): 493 - 520.

[102] Ann - Kristin Zobel, Boris Lokshin, John Hagedoorn. Formal and informal appropriation mechanisms: The role of openness and innovativeness [J]. Technovation, 2017, 59: 44 - 52.

[103] Applegate L M, Collura M. Emerging E - Business Models: Lessons from the Field [M]. Boston, MA: Harvard Business School Press, 2000.

[104] Arora A, Belenzon S, Patacconi A. The decline of science in corporate R&D [J]. Strategic Management Journal, 2018, 39 (1): 3 - 32.

[105] Baligh H H, Burton R M, Obel B. Organizational con-

sultant: Creating a useable theory for organizational design [J]. Management Science, 1996, 42 (12): 1648 - 1662.

[106] Breschi S, Catalini C. Tracing the links between science and technology: an exploratory analysis of scientists' and in ventors' networks [J]. Research Policy, 2010, 39 (1): 14 - 26.

[107] Breschi S, Malerba F, Orsenigo. Technical system and schumpeterian patterns of innovation [J]. The Economic Journal, 2000, 110 (463): 388 - 410.

[108] Bruton G D, & White M A. Strategic Management of Technology and Innovation [M]. Canada: Cengage Learning, 2011.

[109] Cheng Liu, Yixiao Sun. A simple and trustworthy asymptotic t test in difference-in-differences regressions [J]. Journal of Econometrics, 2019, 210 (2): 327 - 362.

[110] Chesbrough H, Rosenbloom R S. The role of the business model in capturing value from innovation: evidence from Xerox Corporation's technology spin-off companies [J]. Industrial and Corporation Change, 2002, 11 (3): 529 - 555.

[111] Cho C et al. An empirical analysis on purposes, drivers and activities of technology opportunity discovery: The case of Korean SMEs in the manufacturing sector [J]. R&D Management, 2016, 46 (1): 13 - 35.

[112] Choi J, Jeong B, Yoon J. Technology opportunity discovery under the dynamic change of focus technology fields: application of sequential pattern mining to patent classifications [J]. Technological

Forecasting and Social Change, 2019, 148: 119737.

[113] Co C Y. US Exports of Knowledge-intensive Services and Importing-country Characteristics [J]. Review of International Economics, 2007, 15 (5): 890 – 904.

[114] Correa J A, Ornaghi C. Competition & Innovation: Evidence from U. S. Patent and Productivity Data [J]. The Journal of Industrial Economics, 2014, 62 (2): 258 – 285.

[115] Cosenz, Federico, Noto, Guido. A Dynamic Business Modelling Approach to Design and Experiment New Business Venture Strategies [J]. Long Range Planning, 2018, 51 (1): 127 – 140.

[116] Cowling M, Ughetto E, Lee N. The Innovation Debt Penalty: Cost of Debt, Loan Default, and the Effects of a Public Loan Guarantee on High – Tech Firms [J]. Technological Forecasting and Social Change, 2018, 127 (2): 166 – 176.

[117] Cozby P C. Methoda in behavioral research. 10th ed [M]. New York: McGraw – Hill, 2009.

[118] Dasilva Carlos M. Trkman Peter. Business Model: What It Is and What It Is Not [J]. Long Range Planning, 2014, 47 (6): 379 – 389.

[119] Delong J B, Summers L H. Equipment Investment and Economic Growth [J]. Social Science Electronic Publishing, 1991, 106 (2): 445 – 502.

[120] Dess G G, Lumpkin G T, Covin J G. Entrepreneurial strategy making and firm performance: Tests of contingency and config-

urational models [J]. Strategic Management Journal, 1997, 18 (9): 677 – 695.

[121] Doloreux D. Regional networks of small and medium sized enterprises: evidence from the metropolitan area of Ottawa in Canada [J]. European Planning Studies, 2004, 12 (2): 173 – 189.

[122] Donaldson L. For Positivist Organization Theory: Proving the Hard Core [M]. Cambridge, MA: Cambridge University Press, 1996.

[123] Donaldson L. Performance-driven Organizational Change: The Organizational Portfolio [M]. Thousand Oaks, CA: Sage Publications, 1999.

[124] Donaldson L. Strategy and structural adjustment to regain fit and performance: In defence of contingency theory [J]. Journal of Management Studies, 1987, 24 (1): 1 – 24.

[125] Donaldson L. The Contingency Theory of Organizations [M]. Thousand Oaks, California: Sage Publication, 2001.

[126] Donaldson L. The Meta – Analytic Organization: Introducing Statistico Organizational Theory [M]. Armonk, NY: ME Sharpe, 2010.

[127] Dosi G, Marsili O, Orsenigo, L. et al. Learning, market selection and the evolution of industrial structures [J]. Small Business Economics, 1995, 7 (6): 411 – 436.

[128] Doty D H, Glick W H, & Huber G P. Fit, equifinality, and organizational effectiveness: A test of two configurational theories

[J]. Academy of Management Journal, 1993, 36 (6): 1196 - 1250.

[129] Duan Y, Wang W, Zhou W. The Multiple Mediation Effect of Absorptive Capacity on the Organizational Slack and Innovation Performance of High-tech Manufacturing Firms: Evidence from Chinese Firms [Z]. Amsterdam: International Journal of Production Economics, 2020.

[130] Dutrenit G. Building technological capabilities in latecomer firms: a review essay [J]. Science Technology & Society, 2004, 9 (2): 209 - 241.

[131] Dwivedi Ritesh. Business excellence: Exploring key performance indicators and suitable business model [J]. Parikalpana: KIIT Journal of Management, 2020, 16 (1): 108 - 125.

[132] Eaton J, Kortum S. Trade in Ideas: Patenting and Productivity on the OECD [J]. Papers, 1995, 40 (3): 251 - 278.

[133] Ena O, Mikova N, Saritas O et al. A methodology for technology trend monitoring: the case of semantic technologies [J]. Scientometrics, 2016, 108 (3): 1013 - 1041.

[134] Ezzamel M A, Hilton K. Divisionalisation in British industry: A preliminary study [J]. Accounting and Business Research, 1980, 10 (38): 197 - 214.

[135] Falkenberg A W, Falkenberg J. Ethics in International Value Chain Networks: The Case of Telenor in Bangladesh [J]. Journal of Business Ethics, 2009, 90 (3): 355 - 369.

[136] Favero N, Bullock J B. How (Not) to Solve the Problem: An Evaluation of Scholarly Responses to Common Source Bias [J]. Journal of Public Admimistration Research & Theory, 2014, 25 (1): 285 – 308.

[137] Ferreras – Méndez José Luis et al. Entrepreneurial orientation and new product development performance in SMEs: The mediating role of business model innovation [J]. Technovation, 2021 (108): 102325.

[138] Figueiredo Paulo N and Cabral Bernardo P and Silva Felipe Q. Intricacies of firm-level innovation performance: An empirical analysis of latecomer process industries [J]. Technovation, 2021 (105): 102302.

[139] Fischer M M, Varga A. technological innovation and interfirm cooperation: an exploratory analysis using survey data from manufacturing firms in the metropolitan region of Vienna [J]. International Journal of Technology Management, 2002, 24 (7): 724 – 742.

[140] Fiss P C. A set-theoretic approach to organizational configurations [J]. Academy of Management Review, 2002, 32 (4): 1180 – 1198.

[141] Foss Nicolai J, Saebi Tina. Business Models and Business Model Innovation: Between Wicked and Paradigmatic Problems [J]. Long Range Planning, 2018, 51 (1): 9 – 21.

[142] Foss N J. Saebi T. Fifteen Years of Research on Business

Model Innovation: How Far Have We Come and Where Should We Go? [J]. Journal of Management, 2017, 43 (1): 200 – 227.

[143] Freeman C, Soete L. The Economics of industrial innovation [J]. Social Science Electronic Publishing, 1997, 7 (2): 215 – 219.

[144] Gallié E, Roux P. Forms and Determinants of R&D Collaborations: Evidence Based on French Data [J]. Industry & Innovation, 2010, 17 (6): 551 – 576.

[145] Garry L, McDaniel. Managing the Business: How Successful Managers Align Management Systems with Business Strategy [M]. Taylor and Francis, 2021.

[146] Ghezzi Antonio. How Entrepreneurs make sense of Lean Startup Approaches: Business Models as cognitive lenses to generate fast and frugal Heuristics [J]. Technological Forecasting & Social Change, 2020 (161): 120324.

[147] Giachetti C, Marchi G. Successive Changes in Leadership in the Worldwide Mobile Phone Industry: The Role of Windows of Opportunity and Firms' Competitive Action [J]. Research Policy, 2017, 46 (2): 352 – 364.

[148] Gianmarco Bressanelli et al. The role of digital technologies to overcome Circular Economy challenges in PSS Business Models: an exploratory case study [J]. Procedia CIRP, 2018 (73): 216 – 221.

[149] Gkypali A, Filiou D, Tsekouras K. R&D collaborations: Is diversity enhancing innovation performance [J]. Technological Fore-

casting and Social Change, 2017 (118): 143 - 152.

[150] Greco M, Grimaldi M. and Cricelli, L. Open innovation actions and innovation performance: a literature review of European empirical evidence [J]. European Journal of Innovation Management, 2015, 18 (2): 150 - 171.

[151] Gregory John Lee. Employee Training and Development as an Antecedent of Firm Customer Capabilities: Longitudinal Moderation by Firm Size and Market Type [J]. Journal of African Business, 2020, 21 (4): 462 - 475.

[152] Guan J C, Liu N. Exploitative and exploratory innovations in knowledge network and collaboration network: A patent analysis in the technological field of nano-energy [J]. Research Policy, 2016, 45 (1): 97 - 112.

[153] Hamel G. Leading the revolution: an interview with Gary Hamel [J]. Strategy & leadership, 2001, 29 (1): 4 - 10.

[154] Han J K, Kim N, Srivastava R K. Market Orientation and Organizational Performance: Is Innovation a Missing Link? [J]. Journal of Marketing, 1998, 62 (4): 30 - 45.

[155] Hart S L, Christensen C M. The great leap [J]. Sloan Management Review, 2002, 44 (1): 51 - 56.

[156] Henttonen K, Hurmelinna - Laukkanen P, Ritala P. Managing the Appropriability of R&D Collaboration [J]. R&D Management, 2016, 46 (S1): 145 - 158.

[157] Hill C W, Pickering J F. Divisionalization, decentraliza-

tion, and performance of large United Kingdom companies [J]. Journal of Management Studies, 1986, 23 (1): 26 - 50.

[158] Hobday M. East Asian latecomer firms: learning the technology of electronics [J]. World Development, 1995, 23 (7): 1171 - 1193.

[159] Hsu C, Lien Y, Chen H. R&D internationalization and innovation performance [J]. International Business Review, 2015, 24 (2): 187 - 195.

[160] Hu M C, Phillips F Y, Wu C Y et al. The Influence of the Technological Regime on the Global Light-emitting Diode Industry: Lessons from Innovative Leaders and Latecomer [J]. Innovation: Management, Policy & Practice, 2015, 17 (1): 91 - 114.

[161] Iain Cockburn, Zvi Griliches. Industry Effects and Appropriability Measures in the Stock Market's Valuation of R&D and Patents [J]. The American Economic Review, 1988, 78 (2): 419 - 423.

[162] Jaworski B J, Kohli A K. Market orientation: antecedents and consequences [J]. The Journal of Marketing, 1993, 57 (3): 53 - 70.

[163] Jensen R. Common Method Bas in Public Management Studies [J]. International Pwblic Management Journal, 2015, 18 (1): 3 - 30.

[164] Juan A Martínez - Romána, Juan A Tamayo, Javier Gamero. Innovativeness and Its Influence on Growth and Market Extension in Construction Firms in the Andalusian Region [J]. Journal of

Engineering and Technology Management, 2017, 43: 19 - 33.

[165] Kaiser U, Kongsted H C, Laursen K et al. Experience matters: The role of academic scientist mobility for industrial innovation [J]. Strategic Management Journal, 2018, 39 (7): 1935 - 1958.

[166] Katila R, Ahuja G. Something old, something new: A longitudinal study of search behavior and new product introduction [J]. Academy of Management Journal, 2002, 45 (6): 1183 - 1194.

[167] Ketchen D J, Combs J G, Russell C J, Shook C, Dean M A, Runge J, Beckstein B A. Organizational configurations and performance: A meta-analysis [J]. Academy of Management Journal, 1997, 40 (1): 223 - 240.

[168] Khahan Na Nan, Theerawat Roopleam, Natthaya Wongsuwan. Validation of a digital intelligence quotient questionnaire for employee of small and medium-sized Thai enterprises using exploratory and confirmatory factor analysis [J]. Kybernetes: The International Journal of Systems & Cybernetics, 2019, 49 (5): 1465 - 1483.

[169] Kim J, Lee C Y. Technical system and Firm Survival [J]. Research Policy, 2016, 45 (1): 232 - 243.

[170] Larsen J N. Knowledge, Human Resources and Social Practice: The Knowledge - Intensive Business Service Firm as a Distributed Knowledge System [J]. Service Industries Journal, 2001, 21 (1): 81 - 102.

[171] Lee C, Kang B, Shin J. Novel-focused patent mapping

for technology opportunity analysis [J]. Technological Forecasting and Social Change, 2015, 90: 355 - 365.

[172] Lee C, Lee G. Technology opportunity analysis based on re-combinant search: patent landscape analysis for idea generation [J]. Scientometrics, 2019, 121 (2): 603 - 632.

[173] Lee J, Kim C, Shin J. Technology opportunity discovery to R&D planning: Key technological performance analysis [J]. Technological Forecasting & Social Change, 2017, 119: 53 - 63.

[174] Lee J W. Capital Goods Imports and Long-run Growth [J]. Journal of Development Economics, 1995, 48 (1): 110.

[175] Lee K, Gao X, Li X. Industrial Catch-up in China: A Sectoral Systems of Innovation Perspective [J]. Cambridge Journal of Regions, Economy and Society, 2017, 10 (1): 59 - 76.

[176] Lee K H, Min B. Green R&D for eco-innovation and its impact on carbon emissions and firm performance [J]. Journal of Cleaner Production, 2015, 108 (1): 534 - 542.

[177] Lee K, Lim C. Technical system, catching-up and leap-frogging: findings from the Korean industries [J]. Research Policy, 2001, 30 (3): 459 - 483.

[178] Leten B, Belderbos R, Looy B V. Entry and Technological Performance in New Technology Domains: technological opportunity, Technology Competition and Technological Relatedness [J]. Journal of Management Studies, 2016, 53 (8): 1257 - 1291.

[179] Levinthal D A. Adaptation on rugged landscapes [J].

Management Science, 1997, 43 (7): 934 -950.

[180] Levitt T. Marketing myopia [J]. Harvard Business Review, 2004, 82 (7/8): 138 -149.

[181] Li C, Wang X F. High-tech enterprise cluster's innovation and isomorphism: a case study of Zhong guan cun Software Park identity struggle [C]. IEEE 16th International Conference on Industrial Engineering and Engineering Management, 2009, 1 (2): 646 -650.

[182] Li Huang, Wenhao Yu, Yunyang Xue, Jinbao Han & Guanbin Xu. Research on the Impact of the Choice of Accounting Policy for R&D Expenditure on Enterprise Technological Innovation and Performance [J]. Proceedings of 2nd International Symposium on Frontiers of Economics and Management Science, 2021: 354 -363.

[183] Lin R H, Xie Z Y, Hao Y H et al. Improving High - Tech Enterprise Innovation in Big Data Environment: A Combinative View of Internal and External Governance [J]. International Journal of Information Management, 2020, 50 (2): 575 -585.

[184] Lizarelli Fabiane Letícia and De Toledo José Carlos and Alliprandini Dário Henrique. Relationship between continuous improvement and innovation performance: an empirical study in Brazilian manufacturing companies [J]. Total Quality Management & Business Excellence, 2021, 32 (9): 981 -1004.

[185] Lucking Reiley D, Spulber D F. Business to business electronic commerce [J]. Journal of Economic Perspectives, 2001, 15 (1): 55 -68.

[186] Magerakis Efstathios and Habib Ahsan. Business strategy and environmental inefficiency [J]. Journal of Cleaner Production, 2021, 302 (15): 127014.

[187] Magretta J. Why business models matter [J]. Harvard Business Review, 2002, 80 (5): 86 - 92.

[188] Makri M, Scandura A T. Exploring the effects of creative CEO leadership on innovation in high-technology firms [J]. The Leadership Quarterly, 2010, 21 (1): 75 - 88.

[189] Malerba F, Orsenigo L. Schumpeterian patterns of innovation [J]. Cambridge Journal of Economics, 1996, 19 (1): 47 - 65.

[190] Malerba F, Orsenigo L. Technical system and firm behavior [J]. Industrial and Corporate Change, 1993, 2 (1): 45 - 71.

[191] Malerba F, Orsenigo L. Technical system and patterns of innovation: a theoretical and empirical investigation of the Italian case [M]. USA: University of Michigan Press, 1990: 283 - 305.

[192] Mansfield, Edwin. Research and innovation in the modern corporation [J]. Technology & Culture, 1971, 14 (4): 663 - 665.

[193] Marco Di Cintio, Sucharita Ghosh, Emanuele Grassi. Firm Growth, R&D Expenditures and Exports: An Empirical Analysis of Italian SMEs [J]. Research Policy, 2017, 46: 836 - 852.

[194] Martins Luis L, Rindova Violina P. Greenbaum Bruce E. Unlocking the Hidden Value of Concepts: A Cognitive Approach to Business Model Innovation [J]. Strategic Entrepreneurship Journal, 2015, 9 (1): 99 - 117.

[195] Mathews J A, & Cho D S. Combinative capabilities and organizational learning in latecomer firms: The case of the Korean semiconductor industry [J]. Journal of World Business, 1999, 34 (2): 139 – 156.

[196] Mathews J A. Competitive advantages of the latecomer firm: A resource-based account of industrial catch-up strategies [J]. Asia Pacific Journal of Management, 2002, 19 (4): 467 – 488.

[197] Matthias Olga and Fouweather Ian. The Long Game: Technological Innovation and the Transformation of Business Performance [J]. International Journal of Technology and Human Interaction (IJTHI), 2021, 17 (2): 60 – 78.

[198] Ma Zheng and Christensen Kristoffer and Jørgensen Bo Nørregaard. Business ecosystem architecture development: a case study of Electric Vehicle home charging [J]. Energy Informatics, 2021, 4 (1): 9.

[199] McEvily S K, Chakravarthy B. The persistence of knowledge – based advantage: an empirical test for product performance and technological knowledge [J]. Strategic Management Journal, 2002, 23 (4): 285 – 305.

[200] McKelvie A, Wiklund J, Brattstrm A. Externally Acquired or Internally Generated? Knowledge Develop-ment and Perceived Environmental Dynamism in New Venture Innovation [J]. Entrepreneurship Theory and Practice, 2018, 42 (1): 24 – 46.

[201] Mcmanus J. The service economy [J]. Management Serv-

ices, 2009, 53 (2): 16 – 20.

[202] Meyer A D, Tsui A S, Hinings C R. Configurational approaches to organizational analysis [J]. Academy of Management Journal, 1993, 36 (6): 1175 – 1195.

[203] Miller D. Configurations revisited [J]. Strategic Management Journal, 1996, 17 (7): 505 – 512.

[204] Mintzberg H. The structuring of organizations: A synthesis of the research [J]. Englewood Cliffs, NJ: Prentice – Hall, 1979, 25 (3): 547 – 552.

[205] Mohammad M, Foroudi et al. Relationship between corporate identity, place architecture and identification: An exploratory case study [J]. Qualitative Market Research: An International Journal, 2019, 22 (5): 638 – 668.

[206] Mohsen Jafari Songhori, Madjid Tavana, Takao Terano. Product development team formation: effects of organizational-and product-related factors [J]. Computational & Mathematical Organization Theory, 2020, 26 (6): 88 – 122.

[207] Morris M, Schindehutte M, Allen J. The entrepreneur's business model: toward a unified perspective [J]. Joural of Business Research, 2005, 58 (6): 726 – 735.

[208] Musolesi A and Huiban J. Innovation and productivity in knowledge intensive business services [J]. Journal of Productivity Analysis, 2010, 34 (1): 63 – 81.

[209] Nelson R R, Winter S G. The Schumpeterian tradeoff re-

visited [J]. The American Economic Review, 1982, 72 (1): 114 -132.

[210] Nowell B, Izod A M, Ngaruiya K M, Boyd N M. Public Service Motivation and Sense of Community Responsibility: Comparing Two Motivational Construe ts in Understanding Leadership Within Community Collaboratives [J]. Journal of Public Admnistration Research & Theory, 2016, 26 (4): 663 -676.

[211] Oksana Seroka - Stolka, Kamil Fijorek. Enhancing corporate sustainable development: Proactive environmental strategy, stakeholder pressure and the moderating effect of firm size [J]. Business Strategy and the Environment, 2020, 29 (6): 2338 -2354.

[212] Olsson O. Technological opportunity and growth [J]. Journal of Economic Growth, 2005, 10 (1): 31 -53.

[213] Osterwalder Alexander, Pigneur Yves, Tucci Christopher L. Clarifying Business Models: Origins, Present, and Future of the Concept [J]. Communications of the Association for Information Systems, 2005, 16 (1).

[214] Osterwalder A, Pigneur Y, Oliveira M A Y et al. Business Model Generation: A handbook for visionaries, game changers and challengers [J]. African Journal of Business Management, 2011 (5): 1 -5.

[215] Park I, Yoon B. Technological opportunity discovery for technological convergence based on the prediction of technology knowledge flow in a citation network [J]. Journal of Informetrics, 2018, 12

(4): 1199 -1222.

[216] Park K H, Lee K. Linking the technological regime to the technological catch-up: analyzing Korea and Taiwan using the US patent data [J]. Industrial and Corporate Change, 2006, 15 (4): 715 -753.

[217] Qaiyum S, Wang C L. Understanding Internal Conditions Driving Ordinary and Dynamic Capabilities in Indian High - Tech Firms [J]. Journal of Business Research, 2018, 90 (9): 206 -214.

[218] Qureshi Muhammad Nouman and Hanif Muhammad. Generalized estimator for the estimation of clustered population mean in adaptive cluster sampling [J]. Communications in Statistics - Theory and Methods, 2021, 50 (14): 3262 -3275.

[219] Raffaele Paci, Antonio Sassu. International patenting and national technological specialization [J]. Technovation, 1997, 17 (1): 25 -38.

[220] Rajalo S, Vadi M. University-industry innovation collaboration: Reconceptualization [J]. Technovation, 2017 (62): 42 -54.

[221] Rogerio S Victe. Connectivity knowledge and the degree of structural formalization: a contribution to a contingency theory of organizational capability [J]. Journal of Organization Design, 2020, 9 (2): 929 -958.

[222] Rothwell R. Successful industrial innovation: critical factors for the 1990s [J]. R&D Management, 1992, 22 (3): 221 - 240.

[223] Seo W, Yoon J, Park H et al. Product opportunity identification based on internal capabilities using text mining and association rule mining [J]. Technological Forecasting and Social Change, 2016, 105: 94 - 104.

[224] Shafer S M, Smith H J, Linder J C. The power of business models [J]. Business Horizons, 2005, 48 (3): 199 - 207.

[225] Sharmelly Rifat and Ray Pradeep Kanta. Managing resource-constrained innovation in emerging markets: Perspectives from a business model [J]. Technology in Society, 2021 (65): 101538.

[226] Short J C, Payne G T, Ketchen J. Research on organizational configurations: Past accomplishments and future challenges [J]. Journal of Management, 2008, 34 (6): 1053 - 1079.

[227] Shu J Y, Wu H et al. The influencing factors of R&D investment of High-tech firms in Optics Valley of China [C]. MOT2009: Proceedings of Zhengzhou Conference on Management of Technology, Vols1and2: 336 - 340.

[228] Siggelkow N. Evolution toward fit [J]. Administrative Science Quarterly, 2002, 47 (1): 125 - 159.

[229] Steven Michael Burgess. Making a Global Impact the Institutions-based View and African Contingency Theory Development [J]. Journal of African Business, 2020, 21 (4): 439 - 461.

[230] Taeyoung Shin. Innovation Behaviors of Korea's Manufacturing Firms: Some Empirical Evidences Based on the Korean Innovation Survey (KIS) Dataset [J]. Strategy Resources, 2003 (8):

1 - 18.

[231] Teece D J. Business Models and Dynamic Capabilities [J]. Long Range Planning, 2018, 51 (1): 40 - 49.

[232] Teece D J. Business models, business strategy and innovation [J]. Long Range Planning, 2010, 43 (2 - 3): 172 - 194.

[233] Teece D J. Profiting from technological innovation: Implications for integration, collaboration, licensing and public policy [J]. Research Policy, 1986, 15 (6): 285 - 305.

[234] Therin F. Learning for innovation in high-technology small firms [J]. International Journal of Technology Management, 2010, 50 (1): 64 - 79.

[235] Thite M, Wilkinsonb A, Budhwar P, Mathews J A. Internationalization of emerging Indian multinationals: Linkage, leverage and learning (LLL) perspective [J]. International Business Review, 2016, 25 (1): 435 - 443.

[236] Timmers P. Business models for electronic markets [J]. Electronic Markets, 1998, 8 (2): 3 - 8.

[237] Utterback J M. Mastering the dynamics of innovation [J]. Research Technology Management, 1994, 37 (1): 1 - 16.

[238] Vande Ven A H, Ganco M, Hinings C R. Returning to the frontier of contingency theory of organizational and institutional designs [J]. Academy of Management Annals, 2013, 7 (1): 393 - 440.

[239] Ven A H V D. Central Problems in the Management of In-

novation [J]. Management Science, 1986, 32 (5): 590 - 607.

[240] Ven A H V D, Hinings M G C R. Returning to the frontier of contingency theory of organizational and institutional designs [J]. Academy of Management Annals, 2013, 7 (1): 393 - 440.

[241] Veugelers R, Cassiman B. Make and buy in innovation strategies: evidence from Belgian manufacturing firms [J]. Research Policy, 1999, 28 (1): 63 - 80.

[242] Vorhies D W, Morgan N A. A configuration theory assessment of marketing organization fit with business strategy and its relationship with marketing performance [J]. Journal of Marketing, 2003, 67 (1): 100 - 115.

[243] Westergren U H, Holmstrom J. Exploring preconditions for open innovation: Value networks in industrial firms [J]. Information and Organization, 2012, 22 (4): 209 - 226.

[244] Wu J. The effects of external knowledge search and CEO tenure on product innovation: evidence from Chinese firms [J]. Industrial and Corporate Change, 2013, 23 (1): 65 - 89.

[245] Wu X, Ma R, Shi Y. How do latecomer firms capture value from disruptive technologies? A secondary business-model innovation perspective [J]. Engineering Management, IEEE Transactions on, 2010, 57 (1): 51 - 62.

[246] Xiang D, Chen J K, Tripe D et al. Family Firms, Sustainable Innovation and Financing Cost: Evidence From Chinese Hi - Tech Small and Medium - Sized Enterprises [J]. Technological Fore-

casting and Social Change, 2019, 144 (4): 499 – 511.

[247] Xu Z, Feng X, Xia J. The Promotion of Deep Integration of Modern Service Industry and Advanced Manufacturing Industry [J]. China Finance and Economic Review, 2021, 10 (1): 86 – 101.

[248] Yoon B, Magee C L. Exploring technology opportunities by visualizing patent information based on generative topographic mapping and link prediction [J]. Technological Forecasting and Social Change, 2018, 132: 105 – 117.

[249] Zhang Jinzhu, Yu Wenqian. Early detection of technology opportunity based on analogy design and phrase semantic representation [J]. Scientometrics, 2020, 125 (1): 551 – 576.

[250] Zhang Y, Chen K H, Zhu G L et al. Inter-organizational scientific collaborations and policy effects: An ego network evolutionary perspective of the Chinese Academy of Sciences [J]. Scientometrics, 2016, 108 (3): 1383 – 1415.

[251] Zott C, Amit R. Business Model Design and the Performance of Entrepreneurial Firms [J]. Organization Science, 2007, 18 (2): 181 – 199.

[252] Zott C, Amit R, Massa L. The business model: Recent developments and future research [J]. Journal of Management, 2011, 37 (4): 1019 – 1042.

[253] Zott C, Amit R. The fit between product market strategy and business model: implications for firm performance [J]. Strategic Management Journal, 2008, 29 (1): 1 – 26.

后　记

本书开始于2019年7月，历时4年才完成，先后经历了前期的文献学习整理阶段、典型案例的探索研究阶段，以及后期对研究假设的定量研究验证阶段。我们在该过程中获得了很多教师的悉心指导和学生的无私帮助，非常感谢他们！本书以我国高新技术服务企业为研究对象，探讨商业模式对创新绩效的影响机制，所得结论对高新技术服务企业具有一定的借鉴性，但是各行各业的特殊性使研究结论的适用面受到了一定的限制。其他行业领域参考本书结论时需要考虑行业具体情景。因此，我们后期将对其他行业领域的创新绩效开展研究，探索不同行业领域的技术创新和技术体制对创新绩效的影响机理。通过本次研究活动的开展，我们自身在科研探索方面受益良多，希望本书也能够在研究方法、研究内容、研究结论等方面给予相关研究人员一定的启发。

作者

2024年1月